KB188347

설담 운성스님

금강경 산책

숨기면 오히려 값지게 드러나고
낮추면 오히려 돋보이게 되나니

싣는 말

향 사루어 촛불 밝혀
다기 올려 정례 드리고
금강경 펼쳐 앉아
고요히 읽으니
저리는 듯 쓰리는 듯
경구가 가슴에 스민다.

읽을 때마다 새로운 말씀들
손에 잡히듯 알게 되어
느낌 다잡아 몇 줄 적어본다.
얼마가 될지 알 수 없지만
때마다 몇 줄 신심 나는 대로
토 달고 간추려서 수필처럼
실어볼까 한다.

혹 도움 되는 이 있으면
그만 다행이겠고
그렇지 못하다 해도

내 공부로 쓰면 될 일이다.

기왕 싣는 글이니 더러
도움 되는 이 있으면 좋겠다.

숨기면 오히려 값지게 드러나고
낮추면 오히려 돋보이게 되나니
참모습은 모양새에 있지 않고
진실은 말로 설명할 수 없다.

참으로 자기를 귀하게 여기면
결코 자랑하지 않아야 하며
정녕 값진 삶을 살려고 하면
많이 나누고 많이 베풀어야 한다.

남이 알아주길 바라선 안 된다.
삿됨이 없으면 진실은 드러나
반드시 기쁨에 이르게 한다.

차 례

정구업진언

淨口業眞言

수리수리 마하수리 수수리 사바하

(세 번)

오방내외안위제신진언

五方內外安慰諸神眞言

나무 사만다 못다남 옴 도로도로

지미 사바하

(세 번)

개경게

開經偈

가장 높고 깊은 미묘한 이 법문은

백천만겁이 지나도

만나기 어렵습니다.

제가 지금 보고 듣고 받아

지니려 하오니

여래께서 가르치신 진실한 뜻

깨달아지이다.

개법장진언

開法藏眞言

옴 아라남 아라다

(세 번)

경의 이름

금강반야바라밀경

금강

세상 제일의 강도를 가진 돌을 말한다. 서양 사람들은 금강을 다이아몬드라고 생각했다. 「금강반야」는 어떤 무엇으로도 무너트릴 수 없는 세상 제일의 지혜를 말한다.

금강경은 가시적 형질을 매우 부정하고 어떤 이론도 침범 못 하는 완벽한 지혜를 강조하고 있는 경전이다.

어떤 이론으로도 절복할 수 없는 강한 논리의 완성은 오히려 무엇을 고집하거나 양보하지 않는 집착이 아니라 비우고 버리는 절대 공이며 절대 무아며. 철저한 무심이다.

공, 무아, 무심이 되지 않고는 부처에 도달할 수 없으며 진실을 알지도 못하며 자기를 바로 보지도 못하고 세상에 대한 올바른 견해를 가질 수도 없다고 설파한다.

반야

중국에서 지혜로 번역되어 우리도 일상 쓰게 된 말이다. 니르바나에 이르게 하는 배로 비유되기도 하고 세상을 밝히고 나를 밝히는 빛으로 표현되기도 한다.

반야는 선정을 닦은 이가 최후로 얻게 되는 세상을 바로 알고 바로 보는 틀림없는 시각이다. 시기심도 질투심도 탐욕도 성냄도 다 버려서 하나도 남지 않게 하는 철저한 수행을 통해 이루는 맑디맑은 정신세계다.

우리가 세상의 과거 현재 미래를 뚫어 알지 못하는 것은 삼독의 시기 질투 탐욕 성냄 등의 더러운 때로 마음이 더럽혀지고 눈이 가려졌기 때문이다.

바라밀

정진이라 했으며 부지런히 실천하는 노력이라 했다. 사실 인간에게 노력보다 소중한 건 없다. 노력은 천재를 이기는 기적을 만들고 꼴찌를 일등으로 변하게 한다. 나를 부처로 만들어 가는 절대 요소이기도 하다. 그래서 석가님께선 바라밀을 고해를 건너는 배라 하셨다.

경전은 읽어 훈습하는 길들임의 교육성을 가지고 있다. 매일 거르지 않고 읽어 입에 익히고 마음에 새기고 뜻을 깊이 깨달으면 나를 니르바나로 이끌고 남을 교화하는 실천을 가능하게 한다.

머리 감고 옷매무새 단정히 하여 매일 금강경 읽는 어머니를 보며 애써 권하지 않았지만 결국 아들도 금강삼매에 젖어 들게 되었다는 어느 처사의 어머니를 회상하는 이야기가 있기도 하다.

나는 이렇게 들었다.

"이렇게 나는 들었다."

아는 것이 곧 깨달음일 수 없다는 것을 여실하게 증명하는 사례가 아난의 '이와 같이 나는들었다'이다. 한문으로는 여시아문(如是我聞)이다. 어떤 경전이건 틀림없이 이렇게 시작되는, 절대 빠질 수 없는 구절이다.

아난은 가장 많은 경전을 외우고 있고 설법 들은 횟수도 가장 많았지만 깨달음에 도달하지 못했다는 판정을 받아 첫 번 결집에 참여하지 못하는 수모를 당한다.

그길로 천 길 벼랑 끝에 달려가 까치발로 서서 죽음을 직면한 집중으로 말이나 글로 도달할 수 없는 불타의 이심전심을 참구하여 드디어 깨달음에 이르고 굳게 닫힌 돌문을 신통으로 열고 들어가 서슴없이 사좌좌에 올라 이렇게 결집의 문을 열었다.

"이와 같이 나는 들었다." 라고...

석가님 가르치심은 당시 서민 대중이 쓰는 팔리어를 사용하신 설법일 뿐 오랜 세월 사람들에게 전해질 수 있는 글로 만들어진 문자의 경전이 아니었다.

석가께서 열반에 드신 그 해 제자들은 스승이 계시

지 않더라도 수행에 의지가 될 수 있는 경전을 결집해야겠다고 생각했다.

부처님 열반에 드신 그 해 왕사성의 칠엽굴에서 오백 대중이 모여 칠 개월에 걸쳐 이루어진 결집을 '제일 결집'이라 한다. 이때 선발되지 못한 대중은 굴 밖에서 따로 결집을 했는데 이를 '굴 외 결집'이라 한다.

이때 결집된 경전은 아직 글자가 아니고 팔리어로 된 암송문이었다. 스승이 제자에게 이웃이 이웃에게 암송으로 전했는데 글자가 없어서가 아니라 외우는 것을 경전 간직의 근본으로 삼고 있었기 때문이다.

또 마음에 새기고 가슴에 담아서 어디서나 생각나면 되새길 수 있고 남에게 전할 수 있게 하기 위해서이며, 어떤 경우에도 빼앗기거나 잃을 염려가 없기 때문이기도 하다.

오늘날까지도 그 관습은 이어지고 있어서 불자라면 당연히 아침저녁 혹은 여러 차례를 반복 염송하는 것을 경 읽는 제일 방법으로 쓰고 있다.

한 번 들으면 절대 잊지 않는 암기력을 가졌다는 아난의 입에서 이어지는 녹음기 되풀이 같은 정확한 구술이 오백 대중의 증명을 거쳐 탄생한 경전이 첫번 결집의 경전이다.

그래서 모든 경전의 시작은 아난이 설법 들을 때 상황을 증거하는 말인 '이와 같이 나는 들었다.' 로 시작된다.

이후 여러 차례 더 결집이 있었는데 2차 결집은 이로부터 백 년쯤 뒤에 계율 해석의 차이를 바로잡는 결집이었고 세 번째는 '아쇼카' 당시 왕의 주도로 이루어졌는데 비로소 문자와 삼장이 결집되었다. 외에도 불멸 육백 년에 제4 결집이 한 차례 더 있었던 것으로 기록되고 있다.

아난이 아니면 그 많은 경전을 누가 외워 우리에게 오게 했을까? 결집을 주선하신 많은 당시의 스님들도 고맙기는 마찬가지다. 그래서 우리는 아침저녁 예경에 그분들께 배례한다.

지심귀명례 서건동진 급아해동 역대 전등 제대조사 천하종사 일체 미진수 제대선지식이라고...

수닷타의 절

"한때 부처님께서 사위국 기수급고독원에서 천이백오십 인의 큰 비구 제자들과 함께 계셨다."

기수급고독원 즉 '기원정사'는 슬라바스티라는 곳에 있는 지금은 유적만 고요히 남은 불교 역사상 가장 대표적 사찰이었다.

'외로운 이를 돕는 이(급고독)'라는 별명을 가진 '수닷타'가 지어 부처님께 바친 절이다. 절을 지어 드리면 부처님께서 자기 나라 자기 마을에 오래 머무시게 할 수 있다는 간절한 소망에서 지어진 절이다.

마땅한 땅을 찾아다니다가, '기타' 왕자의 땅이 적지라 여기고 팔기를 사정했지만 거절당한다. 다시 찾아가고 다시 찾아가기를 거듭한 끝에 금을 땅에 깔아 덮고서야 정성에 감동한 왕자로부터 무상으로 기증받아 지어진 절이다.

기원정사가 있는 슬라바스티는 지금 인도에서 무척이나 구석진 곳이다. 그래서 가끔 일정상 피치 못할 사정이 발생하면 순례를 포기해야 할 경우가 생기곤 하는 곳이다.

당시에도 그다지 발달하지 못한 외진 곳이었을 슬라바스티의 기원정사를 수행의 근본 도량으로 삼아 부처님께서 가장 많이 머무셨던 것은, 아마도 권력이나 재물로부터 수행자들을 멀리 떨어지게 하여 수행에 지장을 받지 않게 하기 위해서였을 것이다.

희대의 살인마 앙굴리마라를 제자로 받아들여 뼈를 깎는 참회로 거듭 태어나게 하여 죄의 허물을 씻게 했던 터가 남아있어 참회의 본질을 절절히 느끼게 하는 도량이다.

참회하는 자기 성찰이 없는 수행은 참 수행이 아니며, 용서하고 이해하는 포용이 없는 수행은 수행이 아니다. 기원정사야말로 우리에게 그 정신을 깨닫게 하는 소중하기 이를 데 없는 참 부처님을 만날 수 있는 곳이다.

세존님 오래 머무시며
금강경 설하신 절이니
어찌 차마 그냥 떠나랴?

고요하기 이를 데 없는
나무 숲 아래 자리 펴고
백팔 배 땀 흘려 드리고
목청 다듬어 예불 올리고
금강경 알뜰하게 읽고

가슴으로 발원문 드리면
아!
내가 당신 곁에 있는가?
당신께서 내 곁에 오셨나?

이천수백 년이 지나간
오랜 세월 뒤의 만남이
모자람도 남음도 없는
그때 당신 무릎 아래
내 육신이 엎드려 있음과
조금도 다르지 않아라.

드시던 우물 길어 씻은
맑아진 눈으로 읽는 독경
소리조차 맑기 그지없어
눈물이 감동으로 흐르는
환희 용약의 기원정사여라.

천이백오십 인

금강경이 설해질 당시 천이백오십 인의 많은 스님들이 기원정사에 머물고 계셨으며 부처님 따라다니며 법문 듣고 가르치심 받들어 수행했던 것으로 기록되고 있다.

천이백오십 인 스님들은 부처님이 깨달음을 얻으신 뒤 많은 바라문과 일반인들이 설법 듣고 출가하여 제자가 되는데 그 중 초기에 출가하신 스님들이다.

가섭 삼형제가 그들을 따르던 천 명 제자들을 데리고 출가했고, 사리불 목련이 제자들 이백오십 명과 함께 출가했다. 천이백오십 인은 이들을 말한다.

첫 제자들 교진여 등 다섯과, 야사와 그의 이웃들 오십 인과, 우루벨라 숲에서 만난 젊은이들 삼십 명이 이미 출가했음에도 이 경에 등장하지 않음은 아마도 그들은 다른 곳에 머물고 있었지 않았나 하는 생각이 든다.

지금 남아있는 기원정사의 터는 일천이백오십 인이나 되는 많은 대중이 머물만한 넓은 도량이 아니다. 인도 성지순례 다녀온 사람들은 경 읽을 때마다 적지 않은 의구심을 일으킬 것이다.

어느 역사 유적지도 그렇겠지만 폐허 된 뒤 남아있는 잔해는 당시에 비해 아주 작다. 기원정사 역시 다르지 않아서 지금의 그루터기는 당시에 비해 십분의 일 정도라고 한다.

역시 인도의 모든 불교 유적이 이슬람의 침략으로 허물어졌듯이 기원정사도 그때 옛 모습 찾아볼 수 없도록 허물어졌다.

인도에 다른 종교와 종파들도 많았는데 유독 불교만 이슬람 박해로 자취를 감추었는가에 대한 견해는 여러 가지 있지만 공격성이 없는 종교라는 점, 신을 섬기지 않는 종교라는 점, 후기 불교의 허물어진 단결력, 등이 결정적 요인으로 꼽히고 있다.

더구나 금강경에서 수없이 강조되는 부처의 가르침조차 집착해서 안 된다는, 모든 집착을 버려야 한다는 비움 사상은 붓다의 가르침과 교단을 지켜야 한다는 책임감과 의무감을 강하게 느끼지 못하게 하는 요인이 되기도 했을 것이다.

실로 종교가 생겨난 이유는 평화의 가르침을 펼쳐

평화로운 사람을 만들고, 평화로운 사회를 만들어 서로 다투지 않고 화목하게 사는 평화세상을 이루는 데 있다.

특정 종교의 독선으로 다른 종교와 문화를 배격하고, 다른 역사를 말살하고, 다름을 인정하지 않는다면 그게 어디 인류를 위한 종교며 평화를 위한 종교라 하겠는가?

믿음을 위해 순교를 강요하는 가르침은 중생의 목숨을 담보로 교세를 유지하겠다는 탐욕적 독선에 불과하다.

"희생이 없는 종교는 종교라 할 수 없다."라고 간디는 그의 저서에서 일렀다.

숱한 생명을 죽음으로 내몰았던 그간의 숱한 종교전쟁은 진정 인류를 위해 생겨난 종교가 아니라 오히려 인류를 희생양으로 저들 집단만 살아남으려는 패악이다.

아잔타 엘로라 붓다가야 산치 등 거대한 석굴 속 화려한 불상과 그림들이 이슬람의 잔악한 손길에 파괴되지 않도록 흙으로 묻고 티벳으로 버마로 스리랑카로 불교도들은 몸을 피했다.

서로를 죽이고 죽는 처참한 싸움을 벌여 사람들을 도탄에 몰아넣는 패악을 저질러서는 안 된다는 진정한 평화관 때문이었다.

걸식

"이날도 공양 시간이 되어 세존께서는 가사를 입으시고 발우를 들고 사위성 안에 가셔서 한 집 한 집 차례로 밥을 얻어 돌아와 공양하신 뒤, 가사와 발우를 정돈하고 발을 씻으시고 자리를 펴고 앉으셨다."

이때의 공양 시간은 지금의 열 시경이다. 이 시각을 사시라고 한다. 사시는 아홉 시에서 열한 시까지다. 그 정점이 열 시인 셈이다.

교단 초기에는 하루 한 끼만 먹었다. 그 한 끼 공양을 열 시경에 먹도록 했다. 그 관행은 지금도 이어지고 있어서 부처님께 올리는 공양은 반드시 사시에 올린다.

뒤에 어린 스님들이 출가해서 배고픈 고통으로 힘들어함으로 아침에 죽을 한 번 더 먹게 했다. 아침 죽 사시 밥의 하루 두 끼 공양을 지키고 있는 곳은 지금도 많다.

겨울이 없는 나라에선 절에서 공양을 만들지 않는다. 절에서 솥을 걸고 음식을 만들면 수행을 위해 써야 할 시간을 많이 낭비하게 되고 맛있는 음식을 찾게 되어 수행자의 면모를 잃게 되기 때문이다.

겨울이 있는 나라에선 매일 신도 집에 다니며 음식 얻어먹는 것이 불가능할 뿐 아니라 오히려 이로 인해 수행에 막대한 지장이 초래되기 때문에 절에서 직접 음식을 만들어 먹게 했다.

인도를 비롯한 겨울이 없는 나라에선 공양 시간이

되면 발우를 들고 거리에 나서 신도들로부터 공양물을 받는다. 이를 걸식 혹은 탁발이라 하며 순수 우리말로는 "얻어 먹는다." 이다.

탁발은 대체로 혼자 나서지 않고 대중이 함께 나서는데 대중이 많은 큰절 스님들 탁발은 장엄하다. 동남아 여러 나라의 스님들 탁발 광경은 흔히 관광 코스에 들기도 한다.

세존께선 공양 때마다 차례로 일곱 집을 돌며 걸식하셨다. 일곱 집을 차례로 도는 이유는 공양 올리는 공덕을 공평하게 짓게 하기 위해서며, 억지로라도 짓게 하기 위해서며, 싫어하는 집에서의 구박이나 핍박도 감수하는 수행을 닦기 위해서다.

승가의 일상이 어느 한 가지도 수행으로 이어지지 않는 것이 없어서 공양조차 탁발조차 수행과 철저히 연결되어 있다.

얻어온 밥은 혼자 먹지 않고 몸이 아픈 이에게 나누기도 하고 불가피한 일로 탁발에 참여 못 한 이에게도 나누고 굶주린 이웃과 주린 짐승에게도 나눈다.

아침마다 금강경 읽으면서 나는 생각한다. 옛 어른들께서 한탄하시기를 "부처님 계실 때 그곳에 함께 태어나지 못한 박복함이여!" "그 천년의 미소 빛으시는 황금의 입술로 백억 세상 밝히실 진리 설하시는 자리에 함께하지 못하는 내 박복함이여!"

그러나 그 어른 스님은 다시 이르셨다. "가르치심 소중히 받들어 행한다면 하필 그때 그곳에 태어나지 않은들 어떠하랴?"

말씀 실천에 시대가 어디 있겠는가? 가르치심 깨달아 가는 길에 장소가 어디 있겠는가? 설사 그곳에 태어났더라도 게으름에, 눈 어두움에 빠져 있었으면 무슨 소용이겠는가?

가사와 발우

부처님께서 드디어 '반야바라밀다' 더없이 지혜로운 말씀을 펴시기 위해 맨발로 걸으셔서 흙 묻은 발을 씻으시고 자리를 펴고 앉으셨다.

나는 내 스승으로부터 한 벌의 가사와 발우를 받아 그 가사와 발우로 밥을 먹고 예불을 드렸다. 스승은 그 위 스승에게서 발우와 가사를 받으셨고 그 위의 스승께서는 또 그 위의 스승에게서 발우와 가사를 받으셨다. 그렇게 이어진 전법 관례는 석가님으로부터 시작되어 내게 이어졌다.

석가님께서 가섭에게 전하시고 가섭이 아란에게 전하시어 끊이지 않고 이어져 오늘에 이른 전법은 발우와 가사를 증표로 한다. 이를 전등이라 하며 가르치심의 등불이 꺼지지 않게 하여 전한다는 뜻의 전등은 승가의 엄중한 의무다.

부처님 가르치심은 어두움을 밝히는 등불에 비유된다. 무명장야(無明長夜)를 밝히는 지혜의 등인 것이다. 억겁의 세월을 어둠에 묻혀있던 캄캄한 영혼의 방에 지혜의 빛이 밝혀짐을 뜻한다.

왕궁의 화려한 옷과 의관을 벗어던지셨던 싯다르타의 결연한 출가로부터 가사는 시작된다. 번쩍이는 옷을 벗어 걸인에게 주고 무덤가에 버려진 헝겊을 주어 조각조각 이어 걸치신 것이 오늘날 우리가 법복으로 입는 가사의 시작이다.

가사는 권위를 버림이며. 명예를 버림이며. 화려한 꾸밈에서 벗어남이다. 버리는 헝겊 주워 누덕누덕 기워 입는 것은 소유욕에서 벗어나는 상징이다.

그래서 가사는 '분소의' 즉 똥 닦아 버려진 헝겁 조각, 태우다 남은 헝겊 조각이란 말이다. 오늘날 승가의 권위를 상징하는 가사와 전혀 어울리지 않는 뜻이다.

이천수백 년을 어느 곳의 어느 스님이나 가사와 발우를 늘 가지고 다녀야 했다. 다섯 개의 크고 작은 밥과 반찬과 물과 국을 담는 공양 그릇이 발우며, 붓다로부터 이어진 진리의 상징이자 전등의 증표가 가사다.

공양 그릇을 각자 가지고 가야 다른 절에 가서 공양에 참여할 수 있다. 만약 발우가 없으면 한두 끼는 후원에서 얻어 먹지만 여러 끼를 그렇게 하지 못한다. 가사 역시 마찬가지로 예불이나 법공양이나 대중 중요 행사에 반드시 입고 참석해야 한다.

육조 혜능스님은 글도 모르는 그 절의 머슴이었다. 그러나 타고난 혜안이 있었다. 오조스님의 한두 차례 가벼운 깨우침에도 확연히 깨달음을 이룰 수 있었다.

단번에 법기임을 알아본 오조스님은 어느 날 밤 그를 불러 금강경을 설하고 스승으로부터 받은 발우와 가사를 전하고 더 이상 설법하지 않았다.

스승의 발우와 가사를 받아 법을 이어받은 제자가 되기 위해 오랜 세월을 그보다 먼저 애써 갈고 닦던 '신수' 등 유력한 스님들은 충격에 휩싸였다. 그를 잡기 위해 추격대가 만들어지기도 했다.

십육 년을 산속에 숨어 섶이 삭아지기를 기다리고 때가 이르기를 기다린 끝에 드디어 스승으로부터 받아 소중히 간직했던 발우를 열어 공양을 시작하고 가사를 입어 법을 펴기 시작했다.

제자들은 구름같이 모여들어 마흔두 사람에 이르고 달마로부터 전해진 법은 모자람 없이 드날려 조계종의 산맥을 이루게 되었다.

장로 수보리

이때 장로 수보리가 대중 속에서 일어나 오른 어깨의 옷을 걷고 오른 무릎을 땅에 꿇고 우러러 합장하여 부처님께 사뢰었다. "거룩하신 세존이시여! 여래께서는 언제나 모든 보살들을 잘 보살피시고 잘 당부하십니다."

장노란 말은 그 모임에서 나이가 많고 덕이 높은 사람에게 붙이는 존칭이다. 금강경이 설해질 당시 수보리 존자가 가장 나이도 많고 덕도 높았던 분이 아니었나 생각된다.

그분은 태어나실 때 대단한 부잣집이었지만 곳간이 텅 비어 있었다고 하며, 돌아가실 무렵에도 손에는 아무것도 들려있지 않았고 거처는 텅 비어 있었다고 한다.

부처님 십대제자 중 해공 제일의 특성을 이미 태어나면서 보여주셨고 가실 때에도 역시 여실하게 보여주신 분이다. 해공(解空)이란 공(空)에 대해 잘 안다는 말이다.

나는 방 안 가득 잡다한 물건 쌓여 있는 내 거처를 보며 늘 수보리님의 태어나실 때와 열반하실 때를 떠올리며 내심 부끄러움에 가슴이 붉어지곤 한다.

올 때 아무 가져온 것 없었기에, 갈 때 아무것도 가져갈 수 없다. 살아가는 동안 돈도 명예도 사랑도 잠시 빌려 쓰다 갈 뿐이다. 천만년 거머쥐고 살 것처럼 애착 부리는 것은 어리석은 짓이다.

한 수행자가 어느 숲에서 수행하고 계실 때 시종 묵

묵하신 모습에 감동한 왕이 거처를 마련해 주셨는데 깜박 지붕 올리는 것을 잊었다. 아무 말 없이 한참을 그대로 살았지만, 그동안 전혀 비가 오지 않다가, 왕이 알아채고 지붕을 만들어 드리자 그때야 비가 내렸다는 일화가 있기도 하다.

금강경은 공을 깨닫게 하기 위해 무상 무주를 시종일관 설하는 경전이다. 설법의 문답 상대로 수보리가 선택된 것은 공에 대한 이해도가 출중했기 때문이다.

금강경은 세상 어떤 것도 영원한 실체로 존재하는 것이 아니라 일시적 현상인 무상(無相)으로 존재한다는 것을 깨달아 어떤 것에도 집착 두지 않는 무주(無住)의 지혜로 살아가기를 가르치는 공의 경전이다.

뒤에 나오는 이야기지만 수보리께서는 특별한 수행법을 실천하신 분이다. 누구와도 절대 다투지 않는 수행이다. 절대 다투지 않는다는 것은 수보리같이 공의 이치를 절감한 사람이 아니고는 불가능한 일이다.

법을 청하는 예절

설법은 절차에 따라 행해져야 한다고 하셨다.

"청하지 않는 사람들에게 법을 설하지 마라. 법상이 마련되지 않으면 법을 설하지 마라. 예절을 갖추지 않은 이들에게 법을 설하지 마라." 했다.

들을 자세가 갖추어지지 않은 이들에게 법을 설하는 것은 세상에서 가장 소중한 진리의 말씀을 가볍게 여기는 업을 짓게 하여 다시는 법을 만나지 못하는 과보를 받게 하기 때문이라 했다.

다른 경전에서는 합장하여 오른쪽으로 세 번 돌고 다시 세 번 절을 드리며 거듭 설법해 주시기를 청하기도 한다.

지금 우리가 법회 때 청법가를 부르고 절을 세 번 드리고 잠시 입정을 해서 마음을 비우는 절차를 갖추게 되는데 이는 부처님 당시로부터 이어진 오랜 청법 절차다.

스님들이 가사를 왼 어깨에 걸쳐서 오른 어깨를 드러내는 것은 상대에게 자기를 낮추는 인도식 예절이다. 오른 무릎을 땅에 꿇어 왼 무릎을 세우고 합장 배

례하는 것도 마찬가지의 공경법이다.

오른 어깨를 드러내고 오른 무릎을 꿇는 것은 소중하게 여기는 오른쪽을 땅에 던지고 드러내므로 해서 부처님을 최대한 공경하는 자세를 갖춤이다.

인도에선 누군가의 머리를 만질 때 왼손을 쓰면 아직도 불쾌하게 생각하는 관습이 남아있다. 음식 먹을 때, 인사할 때 등 중요한 일은 오른손을 쓰고, 낮은 일이라고 생각되는 화장실, 발 씻기 등은 왼손을 쓴다.

오른쪽을 높게 왼쪽을 낮게 여기는 소위 우존좌비 사상은 우리나라에서도 예전엔 상당히 성행했었다. 손님은 왼쪽, 주인은 오른쪽, 신분 하락하면 좌측, 신분 상승하면 우측에 세우기도 했다. 당시 인도의 예절이 그랬음을 알아둘 뿐이다. 지금 우리가 우존좌비에 매일 필요는 없다.

붓다의 보살핌과 당부를 감사드리는 수보리존자 청법의 말을 주목해야 한다. 붓다께서 보살들 즉 제자들을 위해 각각의 수준에 맞는 설법을 자상하게 베푸시어 그들로 하여 깨달음에 이르게 하심이 보살피심이다.

부처님 가르치심의 등불이 오래도록 전해지도록 후학을 기르고 제자를 기르고 포교에 힘 쏟을 것을 부탁하심이 당부하심이다.

묻고 답하는 경전 구성

“착한 이들이 바른 깨달음을 이루려고 하면, 평소에 마음을 어디에 두어야 하며, 어떻게 다스려야 합니까?”

“참으로 잘 물었다. 수보리여! 너의 말대로 여래는 언제나 모든 보살들을 잘 보살피고 잘 당부하느니라. 내 너를 위해 설명하리니, 자세히 들어라.”

우리가 접하는 모든 경전은 묻고 답하기로 구성되어 있다. 그때그때 법회의 수제자 격이 대중을 대표해 대중의 입장에서 가장 궁금해할 내용을 질문한다.

그것은 아마도 당시의 생생한 부처님 말씀을 현장성 있게 들려주기 위한 선택이었을 것이다. 천년을 몇 번이나 지난 지금도 금강경을 독송하노라면 당시 장엄한 금강경 설법 장소에 함께하는 듯한 기분에 젖곤 한다.

부처님께선 모든 대중이 알아들을 수 있도록 귀족층 언어가 아닌 일반 대중이 쓰는 쉬운 말로 하나하나 자상하게 대중을 배려하여 설법하셨다.

부처님 설법을 사자후라 하는 것은 설법 내용이 최상의 뜻을 품으셨기에 그렇기도 하지만 내시는 소리도 사자 같은 초저음이시기에 그러하기도 하다.

부처님 법문 소리는 아무리 먼 곳에서도 가까이 있는 듯 잘 들을 수 있었다고 하며 당시 다른 언어를 쓰는 많은 사람들도 부처님 입술을 가만히 바라보면 말씀을 알아들을 수 있었다고 한다.

경은 말로 듣는 것이 아니라 마음으로 듣는 것이라는 특징이 잘 드러나는 이심전심(以心傳心)의 불교

고유의 전법 형태다.

사십오 년이란 장구한 세월에 걸쳐 팔만대장경이란 엄청난 말씀을 하셨음에도 종래에는 「나는 한마디도 하지 않았다」고 결론짓지 않으셨던가?

금강경 안에도 있는 말씀이지만 그 많은 말씀들은 결코 말을 위한 말이 아니라 마음으로 전하고 마음으로 듣는 언어가 끊어진 곳의 대화였다.

언제나처럼 중앙의 사자좌에 오르시어 설법하시기를 수많은 대중이 기다리고 있었다. 법좌에 오르신 부처님께서 아무 말씀 않으시고 오랜 시간을 그대로 계셨다. 그렇게 한참이나 지난 뒤 가섭존자가 말없이 비켜 앉으신 옆자리에 가서 감히 앉았다. 이를 다자탑전 분반좌(多子塔前分半座)라 한다.

말없이 마음을 세 곳에서 전하신 「삼처전심」 중 하나인 다자탑전 분반좌다. 수많은 사람 중에 오직 가섭만이 그날의 부처님 마음을 받을 수 있었던 것이다.

말씀을 시작하셨다.

"착한 이들이 위없는 바른 깨달음을 이루려고 하면, 이렇게 머물고, 이렇게 마음을 다스려야 하느니라."

"세존이시여, 기쁘게 듣겠습니다."

여래의 말씀을 설법이라 하며 설법은 모두 깨달음을 향한다. 수보리가 붓다께 가르침을 청한 것도 깨달음에 대한 말씀을 듣고자 함이다.

깨달음이란 대체 무엇인가? 깨달은 자의 오늘은 무엇으로 이루어져 있으며 깨달은 자의 내일은 어떤 일상이 전개될 것인가? 여래께서 드디어 깨달음의 본질에 대해 말씀하려 하신다.

일상 살아가는 데 하나하나 마음 씀이 내일을 결정하는 중요한 요소거니 오늘을 결코 소홀히 할 수 없는 것이 깨달은 자의 현재다.

깨달음은 그렇게 스스로 체험을 통해 반증 되는 실증성을 중요시한다. 경험을 통한 실제 사례다. 경험하지 않는 자 그 실제를 속속들이 알지 못한다.

붓다께서 오랜 수행을 통해 얻으신 체험적 깨달음의 세계를 가르침을 기다리는 목마른 이들에게 감로같이 내리시려는 순간이다.

보살의 마음

"모든 보살들은 평소 온갖 업으로 생겨난 많은 구류중생들을 '내가 모두 열반으로 인도해 남김없이 해탈케 하리라'고 발원하여 이렇게 헤아릴 수 없이 많은 중생을 제도했다 하더라도 한 중생도 제도하지 않았다고 생각해야 한다."

보살은 보디 사트바의 준말이며 한문 식 발음이다. 보디 사트바 즉 보살은 깨달은 중생이란 말이다. 절에서 여자 신도를 보살이라 부르는데 모두 깨달음을 이루어 부처가 되자는 격려며 다짐이다.

보살에다 마하살이란 경칭을 붙이는 경우가 경에서 더러 있는데 마하는 크다는 말이다. 즉 적극적으로 보살행을 실천하는 큰 실천자(큰보살)라는 말이다.

화엄에서는 부처를 닦아가는 수행 과정을 보살행이라 했으며 이를 열 단계로 나누었다. 즉 첫 단계의 환희지에서 이구지 ~ 선혜지, 법운지까지다.(歡喜·離垢·發光·焰慧·難勝·現前·遠行·不動·善慧·法雲地)

보살은 어떤 선행을 하더라도 마음에 담아 두거나, 자랑하거나 대가를 바라지 않아야 한다. 당연히 해야 할 일을 했을 뿐이라고 생각하며 잊어버려야 한다.

자기가 자기 일을 한 듯이 배고플 때 밥을 먹은 듯이 평상의 일로 여기며 공덕 닦음에 대한 기억조차 담아 두지 않아야 한다.

구류중생은 1.태로 태어난 중생, 2. 알로 태어난 중생, 3. 습한 곳에서 태어난 중생, 4.변화하는 화생(나비 등), 5. 빛이 있는 중생, 6. 빛이 없는 중생, 7. 생각이 있는 중생, 8. 생각이 없는 중생, 9. 생각이 있지도 없지도 않은 중생들이다.

세상에 존재하는 모든 유형의 중생을 말한다.

우주에 가득한 그렇게 많은 유형의 중생인 '구류중생'들을 하나 남김없이 제도하여 부처를 이루게 했다 하더라도 자기가 그렇게 했다는 자부심도 자랑의 마음도 기억도 남기지 않아야 한다 하셨다.

조그마한 선행을 쌓고도 카메라에 담아 신문에 내려고 법석을 떨고, 사진 찍어 방송에 내려고 아우성을 치는 위장 선행에 길들여진 우리들이 가슴에 깊이 새겨야 할 말씀이라고 생각한다.

보살은 공덕을 짓되 대가를 바라서 안 되고, 칭찬을 원해서도 안 되고, 자랑해서도 안 되고, 기억에 담아 두어서도 안 된다고 붓다께선 경전 설하시는 내내 강조하셨다.

네 가지 마음

"왜냐하면 보살이 아상 · 인상 · 중생상 · 수자상에 매이면 보살이 아니기 때문이니라."

보살이 만약 아상, 인상, 중생상, 수자상을 가지고 있으면 보살이라 할 수 없다고 부처님께서 단호하게 말씀하셨다.

마치 보물처럼 소중히 간직하고 누구에게 빼앗길세라 애써 지키고 있는 네 가지 마음 즉 '아상 인상 중생상 수자상'이다.

첫째, 아상은 자기에 대한 집착심이다. 교만한 마음에서 일어나는 잘난척하는 마음, 실수를 인정하지 않는 마음, 베풀 줄 모르는 탐욕의 마음 등이다. 아상은 다른 세 가지 마음을 일으키는 원인이 된다. 자기의 잘못은 어떻게 해서든 미화하거나 합리화하려고 한다.

둘째, 인상은 다른 사람에 대한 인색한 공격성의 마음이다. 남이 아무리 잘해도 좋게 생각하지 않는 시기하고 질투하는 마음이다. 남은 여간 잘해도 나쁜 쪽으로만 생각하는 버릇이 있다.

셋째, 중생상은 사회적 집단 이기주의라 해야 할 것이다. 우리와 너희를 차별하며 우리는 옳고 너희는 그르다. 중생은 모자라고 부처는 완벽하다. 절대 용서할 수 없고, 절대 양보할 수 없는 사상의 벽을 만들어 동서고금을 피로 물들인 행악이 이에서 비롯되었다 할 것이다.

넷째, 수자상은 소유욕이라 해야 할 것이다. 인간은 누구나 오래 살고 싶고, 오래 재산을 가지고 싶고, 오래 사랑하고 싶고, 벼슬에 오래 머물고 싶은 탐욕이 있다.

인간이면 누구나 가지고 있는 네 가지 나쁜 마음인 아상, 인상, 중생상, 수자상은 버리지 않으면 안 될 추악한 마음임을 부처님께선 이 경에서 수없이 강조하셨다.

대 사회적, 대 인간적 이기심인 이 네 가지 나쁜 마음은 결국 자기를 괴로움의 수렁에 빠지게 하고 남도 고통에 몰아넣게 됨을 일깨우셨다.

부처를 지향하는 보살행자라면 당연히 이 네 가지 마음에서 벗어나는 철저한 노력이 있어야 한다는 가르치심이다.

"보살이 아직도 잘난척하거나, 남을 헐뜯거나, 저들을 차별하거나, 오래 독점하기를 바라 나누기를 주저한다면 결코 보살이 아니다."고 차갑게 말씀하셨다.

산더미 같은 보시를 한다 해도, 삼백예순 날을 기도 한다 해도, 잘난척하는 마음 버리지 못하고, 시기 질투하는 마음 버리지 못하고 용서하는 마음 내지 못하면 보살이라 할 수 없다 하심이다.

매이지 마라

"수보리여! 보살은 어떤 격식에도 매이지 않고 보시해야 하나니, 빛깔 · 소리 · 냄새 · 맛 · 감촉 · 인식 등에 매이지 말고 보시해야 하느니라."

보시는 나눔과 양보라 할 것이다. 나누고 양보하고 용서하고 화합하는 것 외에 종교가 해야 할 다른 일이 또 있을까? 종교를 가진다는 것은 나누고 양보하고 용서하고 화합하는 일을 적극 실천하는 사람이 되는 노력이다.

부처님께선 보시(danna)를 보살행 실천의 첫 방법으로 선택하셨다. 물질 보시가 나눔과 베풂이라면. 정신 보시는 용서와 양보와 화합일 것이다.

보시는 재시. 법시. 무외시 등 세 가지가 있다.

재시는 물론 음식, 의복, 약품, 돈 등 가시적 물질 보시다. 법시는 지혜를 발현케 하는 깨우침의 경전이나 설법들이다. 무외시는 걱정이나 두려움의 정신적 고통에서 벗어나게 하는 함께함이다.

배고픈 이에게 밥을 주는 것은 절대 보시다. 아픈 이에게 약을 주는 것도 당연히 절대 보시다. 추울 때 따뜻한 옷을 주는 것도 절대 보시다. 그럼에도 불구하고 보시의 우열을 나눌 때는 물질 보시보다 법보시나 무외시를 우선한다.

물질 보시는 일시적 위로에 지나지 않지만 법시나

무외시는 지혜를 일깨워 기나긴 날을 고통에서 벗어나게 하는 영원한 보시가 되기 때문이다.

보시를 적극 실천하면 계율이 절로 지켜진다 했다. 보시를 적극 실천하는 사람이라면 자비심이 넘칠 것이며 자비심 가득한 이가 살생하거나 도둑질하거나 거짓말 등을 하지 않을 것이니 계율은 절로 지켜질 것이라는 말이다.

계율이 절로 지켜지면 자연 마음은 너그러워서 참음이 수승해질 것이며 그러면 마음은 절로 안정되어 고요히 선정을 이루게 될 것이며 맑은 물같이 고요해진 선정심이라면 절로 지혜가 탁월해질 것이다.

보시를 적극 실천하면 다른 보살행은 절로 이루어진다는 이야기다.

보시를 행할 때 주의할 점을 부처님께선 위에서 이르셨으니. 눈으로 귀로 코로 혀로 몸으로 생각으로 하는 보시가 되어선 안 되며 눈, 귀, 코, 혀, 몸, 생각에 매여서 듣기 좋은 소리를 들으려 하거나 좋은 냄새를 맡으려는 등의 가시적 보시를 하지 마라 하셨다.

매이지 말라 하심은 인사를 받으려 하거나, 자랑거

리로 삼으려 하거나, 대가를 원하거나, 공덕을 쌓으려는 육근의 욕심에 의한 형식적 보시를 해선 안 된다는 말씀이시다.

비움의 미학(묘행무주妙行無住)

"이렇게 부지런히 보시하되 상에 집착하지 않으면 복됨이 헤아릴 수 없나니, 보살은 이렇게 가르침대로 늘 집착 없는 마음을 가져야 하느니라."

'늘 집착 없는 마음'은 보시할 때 혹은 누군가를 위한 도움의 손길을 펼 때 생색내거나 자랑하거나 칭찬 듣기를 바라는 마음이 없어야 한다는 말이다.

지금 이 대목이 바로 묘행무주 분이다. 아무 대가성이 없는 보시야말로 최상의 보시며 가장 아름다운 보시임을 강조하시는 대목이다.

한문 원문으로 읽을 때 언제나 만나게 되는 「묘행무주」라는 말은 내가 아주 좋아하는 말이다. 중국 양나라 효명태자가 금강경을 서른두 과목으로 갈래지어 제목 달 때 붙인 멋진 제목이다.

본래는 금강경이 각 대목으로 나누어져 있지도 않았으며 대목마다 제목이 정해져 있지도 않았다. 읽는 이들 이해를 돕기 위해 그가 각 장마다 말씀에 맞는 제목을 달았다.

서른두 과목 중 네 번째 제목인 「묘행무주」란 말은 '무엇에도 머물러 있지 않는 텅 비워진 해맑은 마음으로 실천하는 아름다운 묘한 행동을 말한다.' 다시 말해 「맑은 마음 아름다운 실천」이다.

즉 보시를 행할 때 아무 요구 조건이 없어야 하고 칭찬이나 인사치레조차 듣기 원하지 않아야 하고 자랑하거나 생색내지도 말아야 아름다운 보시가 된다는 말이다.

보시는 보살행의 근본이라서 부지런히 실천하지 않으면 안 된다. 그러나 자랑, 생색, 칭찬, 이력, 경력 등에 매이지 말고 보시해야 한다. 이를 「무주상 보시」라 한다. 보살이 행하는 보시는 당연히 이러해야 한다.

자신이 행한 보시와 선행을 남이 알고 칭찬하는 것을 오히려 부끄러워해야 진정한 보살이라 할 수 있다.

누가 알지 못하게 실천하는 보시행이라야 진실한 보시행이다.

남에게 보이기 위해 하는 일은 깊은 마음에서 우러난 진정 행이 되지 못한다, 자연 겉치레에 치중하게 되고 속내를 알차게 하지 않는다.

금강산의 깊은 산중에 있는 유점사로 소풍 가서 청년 시절 듣고 왔다며 일생을 잊지 않으시고 때마다 젊은이들에게 들려주시던 어느 노처사님의 말씀이 바로 「묘행무주」였다.

무엇에도 집착하지 않는 텅 비워진 마음으로 보시

하는 아름다운 나눔 그것이 바로 「묘행 무주」다.

흔히 금강경을 여덟 자로 간추린 것이 「응무소주 이생기심 應無所住 以生其心」이라 한다. 묘행 무주분 말미에 있는 내용으로 「어디에도 머묾 없이 마음을 내어야 한다.」는 뜻이다. 무엇에도 집착하지 않고 절대 비워진 마음으로 보시하는 것보다 더 아름다운 실천은 없다는 말씀일 것이다.

참 모습

"수보리여! 겉모습으로 여래를 볼 수 있겠느냐?"

"아닙니다. 겉모습으로 여래를 볼 수 없습니다. 여래께서 말씀하신 겉모습은 참다운 모습이 아니기 때문입니다."

부처님께서 수보리에게 말씀하셨다.

"모양새의 모든것은 凡所有相
헛된거짓 환상이라 皆是虛妄
모양아닌 진실보면 若見諸相非相
그곳에서 여래보리 卽見如來"

눈에 보이는 것에 매어 보이지 않는 진실을 외면하는 사람들을 향해 시종일관 숨겨져 있는 진실을 밖으로 드러내어 형식적 인생이 아닌 참다운 인생을 살아가야 한다고 역설하신 것이 금강경이다.

여래는 절대 눈으로 볼 수 없으며 귀로 들을 수 없으며 손으로 만질 수도 없다고 강조하셨다. 다만 가르침을 깨달아 가르침에 하나 되는 자만이 부처를 보게 되고 부처와 같이 노닐게 되리라 하셨다.

가슴에 언제나 가르치심이 가득 담겨 있는 사람은 굳이 법당이 아니라도 법당에 앉아 있음과 같을 것이다.

그는 언제나 법당에 있는 듯 진실하게 사람을 대하고 마음 쓰고 행동할 것이다.

아침에 일어나 한 편의 경을 읽으며 하루를 예불로 시작한다면 법당의 부처님은 이미 내 가슴에 살아 움직이고 있어서 발 옮기고 손 사용하는 삶의 현장에 현존하게 된다.

부처님께서 수보리에게 여래를 '겉모습으로 볼 수 있느냐?'고 물으셨다. 이는 여래는 눈으로 보는 것이 아니라 마음으로 보아야 하며 가르치심을 통해 가슴으로 만나야 함을 강조하신 물음이다.

그래서 많은 경에서 이르시기를 '가르치심이 있는 곳은 여래가 계신 곳이며, 가르치심이 실천되는 곳은 법당이나 탑이 있는 곳이다.' 하셨다.

이 몸은 하루도 쉬지 않고 늙어지며 낡아진다. 일 년이 다르고, 한 달이 다르게 변해 간다. 겉모습으로 삶의 기준을 삼음은 매우 어리석은 짓이다. 해가 가고 달이 가도 변하지 않을 마음을 닦아 영원한 꿈을 가꾸어야 한다.

겉치레에 신경 많이 쓰는 사람은 내면이 부족한 사람이다. 속이 꽉 차서 자신감이 넘치는 사람은 굳이 치장에 몰두하지 않는다.

겉모습 지상주의가 판치는 이즈음에 과연 부처님 참모습 역설이 얼마나 받아들여질지 의문이지만 그래도 외로움을 견디며 "단 한 사람이라도 이해하는 사람이 있다면 그를 위해 혀가 닳도록 설하리라." 다짐하셨을 부처님 따라 말씀을 편다.

때를 탓하지 마라!

"세존이시여! 중생들이 이러한 가르침에 참된 믿음을 낼 수 있겠습니까?"

"그렇게 말하지 말라. 여래가 열반에 든 오백 년 뒤에도 여전히 계를 지니고 복을 즐겨 닦는 이들이 있으리니, 그들도 이 법문을 듣는다면 반드시 깊이 믿어 참된 가르침으로 여길 것이니라.

그들도 이처럼 무한한 공덕을 이룰 수 있음을 여래는 다 알고 보거니와 아상 · 인상 · 중생상 · 수자상에도 매이지 않을 것이니라."

마음 다듬기보다 얼굴 다듬기에 골몰하고, 거들먹거리며 기름기 오른 얼굴로 사는 것이 잘 사는 것이라고 생각하는 여타 속가 사람들에게 여래의 참삶을 위한 가르치심은 이해하기도 받아들이기도 어려운 말씀이다.

수보리가 걱정하지 않을 수 없었을 것이다.

그러나 수보리 질문에 여래의 대답은 단호하셨다. 「오백 년이 지난 뒤에도 계를 소중히 여기고 복 짓는 선심으로 사는 사람이 틀림없이 있을 것이니 그들은 반드시 깊이 믿고 받들어 가질 것이다.」라고 잘라 말씀하셨다.

오백 년 뒤라는 말씀은 삼시론을 이르는 말씀이다. 「삼시론(三時論)」은 부처님 이후의 세상을 시대별로 세 단계로 나누어 보는 견해다.

첫째, 부처님 시대로부터 500년 기간은 「정법시대」라 하며 가르치심이 잘 지켜지고 잘 실천되고 깨달음이 잘 이루어지는 시기다.

둘째, 500년이 지난 이후 다음 1000년을 「상법시대」라 하며 실천과 지켜짐은 있지만 깨달음은 없는 시대라 한다.

셋째, 부처님 시대로부터 1500년이 지난 이후를 「말법시대」라 하며 가르치심은 전해지지만 실천도 깨달음도 이루기 어려운 시대라 한다. 소위 말뿐인 시대다.

* 삼시론의 년표를 다르게 보는 견해도 있다.

「오백 년 뒤에도...」 하시는 말씀은 가르치심이 잘 지켜지지 않고, 실천도 잘 이루어지지 않고, 깨달음도 잘 이루어지지 않는 500년 뒤의 시대에서도 시대를 뛰어넘어 계를 잘 지키고 부지런히 실천하고 깨달음을 이루기 위해 노력을 다하는 이가 있을 것이며 그런 사람은 시대에 상관없이 모두를 성취하게 될 것이란 말씀이시다.

오늘 우리가 많은 사람의 외면을 당하면서도 희망을 잃지 않고 줄기차게 말씀 전하기 위해 노력하는 것은 이 말씀 때문이다.

백 명 중 단 한 명에게라도 전할 수만 있다면 전력을 다해야 하기 때문이다.

법 전하는데 시대가 따로 있을 수 없고 상대가 정해져 있을 수 없다. 오직 바른 가르치심을 전하려는 소명 의식이 필요할 뿐이다.

뗏목처럼 여겨라

"누구든 마음에 무엇을 집착해 가지면 바로 아 · 인 · 중생 · 수자상에 매이게 되나니 법이든 법 아님이든 집착하는 것은 모두 아 · 인 · 중생 · 수자상에 매임이 되느니라.

그래서 여래가 비구들이여! 너희들은 나의 모든 가르침을 뗏목으로 여겨야 한다고 당부했느니라. 법도 오히려 버려야 하거늘 하물며 법 아닌 것이겠느냐?"

진리라 이르는 법조차 때가 되면 가차 없이 버려야 하거늘 하물며 돈이나 명예나 자존심, 질투심, 등등의 속된 것들에 매어서 되겠는가?

무엇에건 매이지 않아야 가르치심을 바르게 행한다 할 수 있고, 비로소 깨달음의 언덕에 이르게 되리니, 집착도 탐욕도 시기심도 원한도 다 버려야 할 것이다.

매이면 영원히 자유롭지 못한 영혼으로 우주를 길이 떠돌게 될 것이며, 매이지 않으면 훌훌히 벗어던진 자유로움으로 적멸의 평화를 누릴 것이다.

여래의 가르치심이 세상 제일의 것이지만 가르치심 자체가 열반일 수는 없다. 가르치심을 소중히 하여 깨달음에 이른 이는 이제 가르치심의 울타리에서 벗어나 자기 깨달음의 열반 경계를 이룩해야 한다.

여울을 건너 저편 언덕에 이른 이는 나룻배를 연연하지 말고 미련 없이 떠나야 하듯이 설사 여래의 가르치심이라 해도 그에 매어 말씀의 종이 되어서는 안 된다고 거듭 강조하신다. 그것은 또 다른 어리석음이기 때문이다.

매이면 어리석음에 떨어지고 어리석음에 떨어지면 업보에 얽히게 되어 윤회의 길고 긴 사슬을 짊어지고 고해를 허덕여야 하기 때문이다.

나는 나룻배
당신은 행인(行人).

당신은 흙발로 나를 짓밟습니다.

나는 당신을 안고 물을 건너갑니다.

나는 당신을 안으면 깊으나 얕으나
급한 여울이나 건너갑니다.

만일 당신이 아니 오시면
나는 바람을 쐬고 눈비를 맞으며
밤에서 낮까지 당신을 기다리고 있습니다.

당신은 물만 건너면
나를 돌아보지도 않고 가십니다그려.
그러나 당신이 언제든지 오실 줄만은 알아요.

나는 당신을 기다리면서
날마다 날마다 낡아 갑니다.

나는 나룻배
당신은 행인.

—나룻배와 행인— 한용운

한용운님의 「나룻배와 행인」이라는 시 한 수다. 마치 금강경의 이 대목 말씀을 염두에 두고 쓰신 것 같다.

가르침의 배를 타고 어서 고해를 건너기 바라는 부처님의 중생 향한 마음이 이렇듯 간절하심을 읽으신 한용운님 시정이라 생각된다.

나룻배가 종일을 강가에 서성이며 손님 기다리듯 부처님 중생 기다리심도 이러해서 어느 하루 거름 없이 고해를 서성이고 있으시리라.

나룻배는 사람들을 물 건너 언덕에 안전하게 이르게 하는 사명을 지니고 있다. 여래의 가르치심도 이러하여 중생을 이끌어 열반 언덕에 이르게 함을 사명으로 한다.

최상의 가르침

"수보리여! 여래가 '위없는 바른 깨달음'을 얻어 법을 설한 일이 있었느냐?"

"제가 부처님 가르침을 이해하기로는 위없는 바른 깨달음이라 할 정해진 법은 없으며, 여래께서 단정해 설하신 가르침도 없었다고 여기나이다.

여래의 법문은 집착해서도 안 되고, 단정 지어 설명해서도 안 되며, 고정된 법도 아니고, 법 아님도 아니어서, 일체 성현들은 다 이 무위법으로 차별을 이루시나이다."

세상 제일의 가르침이란 어떤 것인가?

세상 대부분의 종교가 저마다 세상 제일의 가르침이라고 주장한다. 자기들 가르침이 세상 제일이라고 주장하는 것은 다름을 용납하지 못하는 독선이다.

같은 수준, 같은 존재를 절대 용서하지 못하는 이기성이며 독단성이다. 오직 한 마리 강한 수컷만이 존재할 뿐인 짐승들 사회의 유일성의 지배욕과 다르지 않다.

종교는 지배적 집단이 아니라 이성적 깨우침의 교육집단이다. 오직 하나만 존재하기를 바라며 다른 것을 용납하지 못하는 가르침은 인간 사회에서 영원히 추방해야 할 전쟁 집단이다.

자기 가르침이 최고며 최상이라 고집하지 않는 평등과 겸손을 가르치는 용서와 화합의 종교야 말로 세상 최고의 종교며 최상의 가르침이다.

그래서 석가께서는 "이것만이 유일한 가르침이라고 한다면 그것은 옳은 가르침이 아니다."라고 하셨다. 심지어 "법이라는 이름조차 고집해서도 안 된다."라고 하셨다.

그래서 붓다의 가르침은 무위법이라 했다. 「무위법」은 최고를 고집하거나 유일을 주장하지 않는 풀 끝에서도 바람 사이에서도 만날 수 있는 이치다.

부처님 가르치심만이 세상 제일의 진리니 다른 가르침은 버려야 한다고 주장하는 사람이 있다면 그는 부처를 욕보이는 사람이며 부처를 오히려 비방하는 사람이다.

인류 최고의 희망은 평화다. 인류 최고의 가치는 평등이다. 입으로는 평화를 노래하며 정작 하는 짓은 차별과 경쟁이라면 우리는 그것을 외면해야 한다. 입으로는 평등을 부르짖으며 하는 짓은 파괴와 살상이라면 우리는 그것을 뿌리쳐야 한다.

출가는 비움이다.(고요한 삼매)

"수보리여! 수다원 · 사다함 · 아나함 · 아라한을 얻은 이가 '나는 수다원 · 사다함 · 아나함 · 아라한이 되었다.'고 생각하면 되겠느냐?"

"아닙니다. 수다원 · 사다함 · 아나함 · 아라한이라 부를 일정한 실체가 본래 없으니, 만일 아라한 등이 스스로 '아라한 등이 되었다.'고 생각한다면, 그는 여전히 아 · 인 · 중생 · 수자상에 매여 있는 것입니다.

세존께서는 저를 '다툼 없는 삼매를 얻은 제일의 수행자며, '욕심을 떠난 으뜸가는 아라한'이라고 자주 칭찬하시지만 저는 '욕심을 버린 아라한'이라는 생각을 하지 않습니다.

만일 제가 아라한의 경지에 올랐다고 생각한다면 세존께서 "수보리가 참으로 다툼 없는 고요한 삼매를 즐겨하는구나." 라고 말씀하지 않으셨을 것입니다. 제가 진실로 드러내지 않는 수행을 하기에 저를 일러 고요한 수행을 즐겨 닦는 행자라 하시는 것입니다."

욕심을 다 버려서 더는 괴로움 당할 아무것도 남아 있지 않은, 고요한 삼매에 머물기를 즐기는 아라한 그것은 내가 꿈꾸는 경계다.

더구나 세존의 칭찬을 들을 정도로 마음이 말끔히 비워져 시기할 눈도 없고 경쟁할 귀도 없고 미워할 가슴도 없어진 오직 고요만 전신을 감싸고 있는 니르바나의 경계, 참으로 부러운 경계가 아닐 수 없다.

출가는 비움이다. 비움이 없는 출가는 출가가 아니다. 깡그리 다 비운다는 것은 참으로 힘이 드는 일이다. 그러나 비우는 연습은 출가인이 가장 소중하게 여겨서 끝없이 노력하고 실천해야 할 요목이다.

연신 버리고 버려도 비워지지 않는 서랍장, 주머니, 책장, 옷장이다. 돌아서면 쌓이고 돌아서면 재여져서 그것들을 대할 때마다 부끄러운 한숨이 터지곤 한다.

비움을 즐기라 하시는 석가님 가르치심을 대할 때마다 송구스럽고, 수보리님 비우심의 대목을 읽을 때마다 죄스럽기 짝이 없다.

서랍장도, 곳간도, 주머니도 텅텅 비워져 더는 신경 쓸 아무것 없는 수보리님 행상이 내 삶으로 깡그리

옮겨질 날을 기대하며 오늘도 작은 실천 노력을 기울인다.

아라한은 초기 불교에서 깨달음의 최고 경계에 이른 이를 지칭하는 말이었다. 더 배울 것 없는 경계에 이른 이라 하여 무학(無學)이라 하기도 했고 응당 공양받을 만한 분이라 해서 응공(應供)이라 부르기도 했다. 모두 부처를 이르는 공통어였다.

후기 불교로 가면서 부처님과 제자들을 다르게 여겨야 한다는 시각이 생겨나 제자들이 최고로 도달할 수 있는 경지를 가리키는 말로 쓰이게 되었다.

수행은 네 단계를 거치게 되는데 이른바 수다원 · 사다함 · 아나함 · 아라한이다. 수행이 깊어지면 한 단계 한 단계 오르게 되며 단계마다 이름이 달라진다.

아라한 경계에 오른 사람은 배울 필요 없으며, 다시 태어나지 않으며, 악을 행하지 않으며, 살생도 하지 않으며, 도둑질도 하지 않는 완성된 존재다.

그러나 아라한은 자신이 완성된 삶을 사는 완전한 경계에 이른 것을 전혀 의식하지 않고, 자랑하지 않고, 남에게 보이기를 즐기지도 않는다. 다만 비움을 즐기며 고요한 삼매를 즐길 뿐이다.

자랑하거나, 의식하거나, 보여주기 위한 삶은 하잘 것없는 위장된 삶이다. 자기를 위한 자기 삶이 아닌 것이다.

부처님 나라

"수보리여! 보살이 불국토를 거룩하게 장엄한다 하겠느냐?"

"아닙니다. 불국토를 장엄한다는 것은 꾸밈이 아니며, 다만 장엄이라 이름할 뿐입니다."

"그렇다. 수보리여! 모든 보살 마하살들은 늘 이렇게 맑고 깨끗한 마음을 가져야 하나니, 눈에 비치는 색깔이나 소리 · 냄새 · 맛 · 감촉 · 인식 등에 매이지 않는 마음을 내어야 하느니라."(應無所住而生其心)

불자의 이상적 삶은, 불교인 모두의 꿈인 불국토(혹은 정토)가 어서 이루어지기를 간절히 기도하는 것이며, 불국토가 이루어지도록 끊임없이 노력하는 것이다.

미움도 시기도 질투도 탐욕도 성냄도 없는 양보와 용서와 이해와 화합이 가득한 사랑과 자비의 땅, 그곳은 바로 불국토 즉 부처님 나라다.

용서와 포용과 화합으로 이루어진 부처님 나라는 맑은 영혼을 가진 이들이 만든 착하고 아름다운 땅일 것이며 외형에 매달리지 않는 내심이 향기로운 이들이 모여 사는 땅일 것이다.

불국토는 결코 화려하거나 아름답거나 풍요롭지 않을 것이다. 불국토가 만약 풍요로워야 하고, 아름다워야 하고, 화려해야 한다면 착한 사람들이 사는 이상적 세계가 아니다.

작지만 당연히 나누어 먹고, 모자람은 사랑으로 채우고, 어려움은 참음으로 이겨나가는 완성된 사람들이 만들어가는 희망의 땅일 것이다.

그래서 이르시기를 '불국토는 꾸밈으로 이루어지는

곳이 아니다. 다만 이름을 장엄 즉 꾸밈이라 했을 뿐이다.' 하셨다. 눈에 보이는 손으로 만질 수 있는 외형의 꾸밈이 아니라 맑고 자비로운 영혼으로 만드는 정신 국토라는 말씀이다.

돈이 많아서 꼭 행복한 것이 아니다. 돈으로 인해 더 불행해지는 경우를 우리는 허다하게 보아왔다. 오히려 가난한 집 형제들이 극락에 살듯 서로 정 나누며 사는 경우는 많다.

그래서 '소리에, 색깔에, 냄새에, 감촉에 매이지 마라.' 하셨다. 들리는 소리에 매이면 미움이 싹트고, 보이는 색깔에 매이면 시기심이 생겨나고, 향기로운 냄새에 매이면 저울질하게 되어 용서하지 못하게 되고 화합하지 못하게 된다는 깨우치심이시다.

불국토는 결코 물질로 이루어진 화려하고 웅장한 세계가 아니다. 극락에 가서 배불리 먹고 화려한 옷 입고 뻥뻥 큰소리치며 살려고 한다면 일찌감치 생각을 고쳐야 한다. 그곳은 모두가 평등한 친구로 사는 자비의 세상이다. 으스댈 일도 큰소리칠 일도 자랑할 일도 없는 곳이다.

'마음을 눈에 묶어 두지 않아야 한다. 코에도 묶어 두지 않아야 한다. 귀에도 묶어두지 않아야 한다. 손끝에도 묶어두어서 안 된다. 어디에도 매이지 말고 맑게 비워진 자비로운 마음에 머물게 하여(응무소주이생기심應無所住 而生其心) 자기의 불국토를 만들어 가야 한다.

경의 소중함

"수보리여! 모든 법은 이 경에서 나왔으므로 이 경을 읽거나 사구게를 외우는 곳은 천인들이 불탑같이 공양하고 받들 것이며, 이 경이 읽히는 곳은 부처님 계시는 곳같이 존중하며 부처님 제자같이 받들 것이니라."

불교인에게 경전은 부처님에 버금가는 소중한 존재다. 경전은 부처님 말씀이 기록되어 있는, 나를 부처의 자리로 이끌어 주는 더없는 길잡이기 때문이다.

많은 경에서 한결같이 말씀하시길 "나를 보는 자 법을 보며, 법을 보는 자 나를 본다." 하셨다. 법은 당연히 경 속의 가르치심이다. 법을 보지 않고 부처를 진정 어떻게 알겠으며 어떻게 내 것으로 만들 수 있으랴?

부처님과, 가르치심과, 스님들은 불교인이 소중하게 여겨야 하는 세 가지 보배다. 즉 불법승 삼보다. 물론 부처님은 영원하신 우리의 스승이기에 존중한다. 가르침 또한 못지않게 소중하기에 부처님같이 받든다. 스님들 역시 우리에게 법을 알게 하고 법을 누리게 하는 분들이라서 소중히 여긴다.

경이 있어서 부처님 가르치심을 만나게 되고, 경이 있어서 깨달음을 이룰 수 있다. 그래서 법화경에서는 경이 읽히는 곳은 "부처님 계시는 곳같이 소중한 곳이니 부처님 계시는 곳같이 받들고 탑을 세우고 공양할지니라." 하셨다.

탑을 조성하여 경을 모시면 '탑 속에 부처님을 모신

거와 같은 공덕을 이룰 수 있다.' 하시기도 했고, 탑을 조성할 때 탑 속에 경을 모시면 '사리를 모시는 거와 같은 덕을 얻을 수 있다.' 하기도 하셨다.

모든 부처님은 깨달음에서 탄생하셨다. 깨달음은 가르치심 속의 깨우침으로 이루어진다. 깨달음이 없다면 부처도 없었을 것이다. 모든 경전 속 진리의 가르치심은 부처를 만드는 공장이다.

금강 반야의 실천

"세존이시여! 이 경의 이름은 무엇이라 하며, 어떻게 받들어 가져야 하겠습니까?"

"이 경의 이름은 '금강 반야 바라밀'이니 이 이름으로 받아 지니고 읽고 외워서 수행하여라. 여래가 말한 반야바라밀은 이름을 반야바라밀이라 할 뿐이니라. 삼천대천세계에 있는 작은 티끌이 얼마나 많겠느냐?"

"매우 많겠습니다."

"수보리여! 여래가 말한 작은 티끌은 작은 티끌이란 이름일 뿐이며, 여래가 말한 세계도 세계란 이름일 뿐이니라."

여래의 말씀은 진실하며, 참되며, 사실을 말씀하시며, 언제나 변함이 없으시다. 여래라는 이름이 그러하듯 천년이 지난 뒤에도 지금 이 순간에도 바람이 불어도 비가 와도 변함없으신 마음이시고 모습이시다.

칭찬에 기뻐하지 않으시고, 비난에 분노하지 않으시며, 잃음에 슬퍼하지 않으시고, 얻음에 즐거워하지 않으신다. 상황에 따라 흔들린다면 결코 여래라 할 수 없을 것이다.

공(空)을 깨달은 이는 어떤 무엇에도 흔들리지 않는 정신세계를 수행을 통해 갖춘다. 어떤 경우에도 흔들림 없는 정신의 구축 그것은 바로 『금강의 지혜』다.

불에 타지 않고, 물에 녹지 않으며, 어떤 환경에서도 변함없기에 금강이라 하듯 여래가 깨우치신 공의 이치도, 더 이상의 말이 필요 없는 일체 시비가 끊어진 공으로의 돌아감이기에 금강이다.

공(空)은 텅 비어서 어떤 논쟁도 끊어진다. 공은 한 물건도 없어서 생사도 선악도 뛰어넘는다. 공은 늘 고요하기에 미움도 사랑도 끊어진다. 시기 질투할 거리가 도무지 없는 공이라서 금강인 것이다.

공을 깨달아 이룬 이는 일체 집착을 버려서 선악 분별 망상이 다 끊어진다. 고요한 평화만 이어지는 정신세계를 노닐며 아이 같은 담백한 삶을 누린다. 그는 금강의 지혜로 사는 일체지를 이룬 이이다.

설사 그렇다 해도 이것이 아니면 안 된다는 고집을 세워서는 안 된다. 이것만이 세상 제일이라는 고집은 새로운 매임의 대상을 만드는 결과가 되기 때문이다.

본래 없었던 것임을 깨달은 공의 비움이 되어야 한다. 무엇이건 집착하는 것은 새로운 매임이 되고 생노병사를 만드는 결과가 된다.

그러나 「금강반야바라밀」이라 해도 다만 이름을 「금강반야바라밀」이라 할 뿐이니 결코 「금강반야바라밀」을 절대 법칙이라 집착하여 매여서는 안 된다. 그것은 「금강반야바라밀」이 또 다른 집착을 만드는 어리석음이 되기 때문이다.

또 우주의 허공에 존재하는 엄청난 양의 먼지들을 비유하신다. 그 먼지들은 다만 엄청난 양의 먼지이기도 하지만 별이기도 하고 달이기도 하고 때에 따라선 우리 몸이기도 한 것이다. 무엇인가에 생각을 가두어 두는 고정 관념이 어리석음의 시작인 것이다.

믿는 마음 맑은 마음

수보리는 이렇게 설하심을 듣고 깊은 뜻에 감동하여 눈물을 글썽이며 사뢰었다.

"거룩하신 세존이시여! 이 같은 깊은 가르침은 제가 지혜의 눈이 열린 이후 한 번도 들어보지 못했습니다.

만일 어떤 사람이 이 경전을 듣고 믿는 마음이 맑아지면, 그는 바로 참다운 눈이 생길 것이니, 이로써 그가 으뜸가는 공덕을 이루었음을 알 수 있을 것입니다. 이 실상도 실제 상이 아니며, 짐짓 여래께서 실상이라 이름하셨을 뿐입니다."

금강경은 공을 설하는 경전이다. 공(空)의 이치를 가장 잘 이해한 분이 수보리이시다. 공의 이치를 가장 잘 깨달았을 뿐 아니라 공을 가장 잘 실행한 분이기도 하다. 공은 붓다 가르침의 핵심 사상이라 해도 틀리지 않을 것이다.

공을 깨달아 성취한 수보리께선 늘 고요한 삼매에 머물기를 즐겨하고 다투지 않는 삼매에 머물기를 즐겨하는 분이다. 그럼에도 그분은 젊은 시절 어찌나 까칠했던지 집안사람들이 다 싫어해서 부모의 골칫거리였다고 한다.

기원정사를 지은 수닷타 장자의 조카이기도 한 수보리는 부유한 집에서 태어난 영특한 분이었다. 젊은 나이에 출가하여 이르게 아라한과를 증득하여 「공무해탈문」에 들어 육신이 아닌 공무법의 예불을 드리곤 했던 분이다.

도리천에서 어머니 마야부인을 위해 석 달 머무시다 내려오신 부처님을 우화발색 비구니가 「제일 먼저 예배하나이다.」 하며 인사드리자 부처님께서 「너보다 먼저 수보리가 예배했느니라.」 하셨다.

동굴에서 수행하고 있던 수보리가 부처님께서 도

리천에서 내려오심을 알고 일어나 인사드리러 가려다가「육신으로 예배드리는 것은 공무 해탈문을 얻은 자의 예배법이 아니다.」하며 도로 앉았다고 한다.

그렇게 출중한 안목을 갖추신 그분도 금강경 설하시는 자세한 가르침을 접하며 감동의 눈물을 흘리고「이 경의 말씀을 접하고 믿음이 깊어진 사람은 참으로 지혜의 눈이 열릴 것입니다.」하셨다.

세상의 어떤 것도 변하지 않는 것 없으니, 여래께서 실상을 말하심도 다만 편의상 표현으로 실상이라 하셨을 뿐 그 어떤 것도 불변하거나 고정된 것은 없음을 반어법으로 일깨우신다.

뛰어난 사람

"제가 이 가르침을 믿고 받들어 지니기에는 어렵지 않겠으나, 앞으로 오백 년 뒤에 어떤 사람이 이 가르침을 믿고 받들어 지닌다면, 참으로 뛰어난 사람입니다. 이 사람은 필경 아 · 인 · 중생 · 수자상에 매이지 않을 것입니다. 그러나 아 · 인 · 중생 · 수자상은 참다운 상이 아니기에, 이렇게 온갖 상에서 벗어난 이를 부처라 하나이다."

"참으로 그러하느니라. 만일 어떤 사람이 이 경전을 듣고 놀라거나, 겁내거나, 두려워하지 않는다면 그는 참으로 뛰어난 사람이다."

부처님 가르치심은 저마다 가지고 있는 불성을 일깨워 그 불성대로 살게 하여 잊고 있던 뛰어난 자비심과 포용력을 발휘하게 하신다. 뛰어난 자비심과 포용력은 함께하는 기쁨을 만들어 화해하고 용서하며 살게 한다.

누구나 가지고 있는 자비심이며 포용력이지만 누구나 자비심과 포용력을 발휘하기는 정말 어렵다. 대부분의 사람들은 남에게 베푸는 것이 자신에게 피해가 된다고 생각하기 때문이다.

사랑을 심으면 사랑의 열매가 맺어져 나를 달고 시원한 열매가 열리는 아름다운 사랑의 정원으로 안내할 것이다.

그러나 미움을 심으면 당연히 미움의 열매가 맺어져 나를 미움과 증오가 들끓는 고통의 풀밭으로 안내할 것이다.

'베풂이 오히려 공덕이 되고, 나눔이 오히려 복을 만들게 된다.'는 바른 진리를 과연 얼마나 많은 사람이 이해하겠는가? 부처님과 수보리는 못내 걱정스러우셨다.

그럼에도 오백 년이 지난 뒤에도 이를 알아듣는 사

람은 분명 있을 것이고 이를 깨달아 실천하는 사람도 있을 것이란 믿음을 가지신다. 알아듣고 실천하는 이는 '부처와 조금도 다르지 않은 뛰어난 사람이라.' 하셨다.

보통의 인간들이 생각하는 욕심과 소유의 '행복 추구법'이 아닌 버림과 비움과 용서와 포용의 정반대 행복 추구법은 세상 제일의 실천법(바라밀)이지만 그러나 이조차 고집하고 집착해서는 또 다른 고통이 만들어지는 것이니 때가 되면 미련 없이 버려야 한다. 하셨다.

인욕선인

"수보리여! 여래가 말한 제일 바라밀은 이름을 제일 바라밀이라 할 뿐이니라. 인욕바라밀도 이름을 인욕바라밀이라 할 뿐이니라.

내가 먼 옛날 가리왕에게 온몸이 갈가리 찢겼을 때 이미 아상·인상·중생상·수자상이 다 끊어져 조금도 남지 않았느니라. 그때 만일 상이 남아있었으면, 틀림없이 분노와 원한의 마음을 품었을 것이다. 뿐만 아니라, 과거 오백 생 동안 참고 견디는 수행을 할 때에도 결코 아·인·중생·수자상에 매이지 않았느니라."

이 인욕선인 대목은 부처님께서 전생 수행자 시절 보시와 인욕을 극단적으로 실천하신 사례를 예로 들고 있다.

보시(나눔)와 인욕(참음)은 수행의 가장 중요한 실천법인 육바라밀 중 첫째 항목과 셋째 항목이다.

참음 바라밀(인욕바라밀)을 수행하고 있던 석가님 전생의 인욕선인 시절 이야기다.

부단나성에는 싸우기 잘하며 마음씨 사나운 사냥을 좋아하는 가리왕이 있었다. 어느 날 시녀들을 데리고 사냥을 나섰다. 한나절 넘게 짐승들을 쫓아다니느라 지친 왕은 시녀들 가운데 누워 잠시 잠이 들었다.

한참 만에 깨어난 왕이 시녀들이 아무도 없는지라 사방으로 찾으니 모두들 한 수행자의 주변에 둘러앉아 열심히 법문을 듣고 있었다. 시녀들이 그를 존경하는 눈으로 바라보는 것에 화가 난 왕은 선인에게 다가가 물었다.

"너는 누구냐?"

"참는 수행을 하는 수행자입니다."

"얼마나 잘 참을 수 있는지 보여줄 수 있느냐?"

"이미 몸도 마음도 공하게 여기거늘 무엇을 집착하

겠습니까?"

왕은 칼을 들어 그의 팔을 잘랐다. 그리고는 물었다.

"이래도 참느냐?"

"아무렇지도 않습니다."

더 화가 난 왕은 다른 팔과 두 다리를 차례로 자르며 그때마다 물었지만 선인은 동요가 없었다. 이때 하늘에서 돌비가 내려 가리왕을 묻어버리고 천신이 내려와 선인의 팔과 다리를 원상 복구시켰다고 한다.

이미 수행이 완성된 부처님은 참음 바라밀도 완성하셨기에 '가리왕의 칼이 사지를 잘라도 그를 원망하거나 분노를 일으키지 않았다.'고 말씀하신다.

돈을 차지하기 위해 돈보다 더 소중한 형제를 버리고 부모를 버리고 이웃을 버리는 가치관 부재의 더러운 사람들 세상에서 소중한 정신적 가치를 위해 몸뚱이조차 미련 없이 버리시는 이 거룩한 모습은 태양보다 밝은 영원한 모습이다.

여래의 말씀

"그러므로 수보리여! 보살은 마땅히 온갖 집착하는 마음에서 벗어나 위없는 바른 깨달음의 마음을 내어야 한다. 빛깔, 소리, 냄새, 맛, 감촉, 인식 등 어디에도 집착하지 않는 마음을 내어야 한다.

여래는 참되게 말하고 진실을 말하며 있는 그대로 말하여 허황하게 속이거나 다른 말을 하지 않나니, 여래가 깨달은 법은 참됨도 없고 헛됨도 없기 때문이니라."

보살은 깨달음을 지향하는 사람이다. 부처님 가르치심을 따르는 사람은 누구나 깨달음을 지향하는 사람이다. 그러므로 불자는 누구나 보살이라 할 수 있을 것이다.

보살은 빛깔에 마음 휘둘리지 않아야 한다. 보살은 소리에 마음 빼앗기지 않아야 한다. 보살은 냄새에도 맛에도 감촉에도 인식에도 마음 흔들려서는 안 된다. 그것들은 마음 안에서 일어난 것이 아니라 밖에서 유혹하여 마음을 일어나게 한 것들이기 때문이다.

빛깔, 소리, 냄새, 맛, 감촉, 인식 등 외부의 유혹에 마음 빼앗겨서 본래 비어 있는 마음을 마치 본래부터 있었던 것인 양 허둥대고 희노애락 하는 것은 판단을 잘못한 짓이다. 마음의 본모습은 비어 있는 것임을 배운 불자가 할 짓이 아니다.

보시를 하거나, 봉사를 하거나, 말씀을 전하거나, 쓰레기를 줍거나, 거리 청소를 하거나 생색 내지 말고 자랑하지 말고 기억조차 하지 말아서 마음을 비워야 한다.

여래께서는 진실한 말씀만 하신다. 없는 말을 하지 않으신다. 속이는 말도 하지 않으신다. 두 가지 말도

하지 않으신다. 허황되게 부풀린 말도 하지 않으신다.

여래께서 깨달으시어 우리를 깨닫게 하신 가르치심이 전혀 허황되거나 꾸며지거나 거짓되거나 부풀린 말씀이 아니기 때문이다.

이는 참으로 진실하여 헛됨도 없고 참됨도 없다 한다. 참됨을 고집하면 참됨에 매여 다른 부작용을 부르기에 불타의 가르치심은 참됨조차 고집해서 안 된다 하신다. 다만 마음을 말끔히 비워 청정심을 이룸이 필요할 뿐이며 청정심에 의한 자비심이 필요할 뿐이다 하신다.

참됨을 고집하여 일어나는 참사는 세계 도처에서 지금 참혹하게 일어나고 있다.

경을 읽는 공덕

"어떤 사람이 이 경전을 수지 독송하는데도 남의 비난을 받는다면, 그가 전생의 죄업으로 다음 생에 지옥에 떨어질 것이지만 경을 읽는 공덕으로 금생의 천대를 받는 것으로 다음 생에 지옥에 떨어질 업보를 면하게 되느니라."

모든 경전은 한결같이 수지독송을 권한다. 수지독송은 늘 가슴으로 읽고 가슴에 새기고 생활에 실천하는 행자로서의 삶을 말한다.

모든 경전은 수지독송을 원칙으로 만들어졌다. 스승이 제자에게 입으로 전하고 제자가 스승의 경전 암송을 귀로 들어 외워서 그의 제자에게 암송으로 전하며 계계승승 오늘에까지 이어져 왔다.

경을 부지런히 읽는 사람은 전생의 업에서도 벗어날 수 있어 다음 생에 지옥에 떨어질 업보를 면하게 될 수 있음을 말씀하신다. 독경은 업을 녹이고 죄보에서 벗어나는 공덕을 이루게 한다.

경을 부지런히 읽어서 예정된 형벌을 면하고 자유인이 된 사례는 수없이 많다.

경을 부지런히 읽고 전하고 실천하는 사람은 오랜 업장에서 벗어날 수 있음은 물론이다. 전생에 지은 죄에서도 벗어날 수 있고 금생에 지은 업으로 인한 다음 생에 예정된 지옥의 업보에서도 벗어날 수 있다.

부지런히 경을 읽는 사람은 마음이 절로 맑아져서 극락국에 가게 될 자격을 갖추게 되고 다시는 악도를 헤매지 않게 된다고 하셨다.

보살의 마음

"세존이시여! 착한 마음을 가진 이들이 위없는 바른 깨달음을 이루려 한다면, 그 마음을 어디에 두며 어떻게 다스려야 합니까?"

"위없는 바른 깨달음을 이루려는 사람은 나는 기어코 일체중생을 해탈의 길로 인도하리라고 발원하여, 모든 중생을 해탈의 길로 인도했다 하더라도 한 중생도 해탈을 얻게 하지 않았다고 생각해야 한다. 보살이 아 · 인 · 중생 · 수자상에 매여 있으면, 보살이라 할 수 없을 뿐 아니라, 위없는 바른 깨달음의 마음을 낸다는 것도 실은 없어야 하기 때문이니라."

보살은「중생을 보살피고, 고통에서 벗어나게 하고, 기쁨을 누리게 하고, 바른길로 인도하는 것을」 자신의 수행으로 여겨 쉼 없이 실천한다.

중생은 보살이 부처를 이루어 가는 수행의 대상이기에 보살피고 구제하는 일에 조금도 게으름을 피우지 않으며 자랑하거나 생색내지 않는다. 자기가 한 일에 자랑하거나 생색내는 마음을 가지면 보살심으로 실천했다 할 수 없다.

그래서 말씀하시기를 '생색내는 마음으로 세상 가득 금은보화로 보시한 공덕이, 생색내지 않는 마음으로 경 한 구절 외워 깨우쳐 줌만 못하다.'하셨다.

동남아권 불교에서는 신도들이 가져온 돈이나 음식 등 보시를 받았을 때 고맙다는 인사를 거의 하지 않는다. 인사가 그들 보시의 진정한 가치를 떨어트린다고 여기기 때문이다.

주는 자의 마음이 해맑아서 아무 대가성이 없어야 하며, 받는 자의 마음도 맑아서 미안해하거나 부담스러워하지 않아야 비로소 보시다운 보시인 청정 보시가 된다.

누군가에게 무엇을 나누더라도 그 행위에 대한 기

억조차도 남기지 말고 때 되면 응당 밥을 먹듯 당연하게 실행하고 기억조차 남기지 말아야 한다.

그림 잘 그리는 어떤 스님이 있었는데 아무도 그의 그림을 칭찬하지 않았다. 그 스님은 남들이 뛰어난 자신의 그림을 칭찬해 주지 않는 것이 늘 불만이었다.

어느 날 그를 만나 이야기했다.

"당신 그림은 정말 뛰어나지만 스스로 자랑하는 마음이 그림의 가치를 떨어트리고 있다."

아무리 그림을 잘 그려도 생색내고 으스대고 잘난척하는 화가의 그림을 사람들은 가까이하기 싫어한다.

잘난척하는 마음도 없고, 생색내거나 자랑하는 마음도 없는, 비어 있는 마음이 진정 해맑은 보살의 마음이다.

연등 부처님

"수보리여! 여래가 옛 연등불 처소에서 위없는 바른 깨달음이라 할 일정한 법을 얻은 게 있었다고 생각하느냐?"

"아닙니다. 제가 부처님의 가르침을 이해하기로는 연등불 처소에서 위없는 바른 깨달음이라 할 일정한 법을 얻은 게 없었습니다."

연등 부처님은 석가 부처님의 은사이신 본존이시다. 전생에 한 수행자로 계실 때 연등 부처님께 귀의하여 수기 받으시고 오백 생을 일관된 수행의 길로 나아가게 되었던 분이다.

깨달음이 아무리 소중하고 더없이 귀한 해탈 경계라 해도 깨달음이라는 가상의 세계에 묶이게 됨은 깨달음의 무한 자유의 법성을 잃게 되는, 또 다른 얽힘의 틀에 나를 가두게 되는 것이 된다.

깨달음이란 말은 무엇에도 매이지 않는, 무엇에도 구속당하지 않는, 무한 자유와 해탈의 정신세계를 갖춤이다. 그런데 깨달았다는 자부심을 가지고 깨달았다는 독선에 사로잡히면 깨달은 자의 모습이 아니다. 새로운 명예욕이 생겨나는 것이고 새로운 잘난 척이 생기는 꼴이다.

어떤 얽매임에서도, 어떤 한정성에서도 벗어난 것이 깨달음이기에 "나는 깨달았노라."하는 생각을 가진 자에게 결코 연등 부처님이 수기하시지 않았을 것이란 말씀이다.

바른 깨달음

"그렇다. 여래는 위없는 바른 깨달음이라는 '일정한 법'을 얻은 게 없었느니라. 만일 여래가 위없는 바른 깨달음이라는 일정한 법을 얻은 게 있었다면, 연등불께서 결코 나에게 수기하시지 않았을 것이나, 그런 게 없었기에 연등불께서 '그대는 다음 세상에 부처를 이루리니, 이름을 석가모니라 하리라.'고 수기하셨느니라.

여래란 모든 법의 한결같은 모습을 뜻하기 때문이니라.

사람들은 여래가 위없는 바른 깨달음을 얻었다고 생각하지만 실로 여래가 얻은 위없는 바른 깨달음은 '정해진 법이 따로 있는 게' 아니며 여래가 얻은 위없는 바른 깨달음은 참됨도 없고 헛됨도 없느니라. 그러므로 여래는 일체법이 모두 불법이라 하느니라."

깨달음은 깨달음이라는 별도의 관념이 만들어지지 않아야 한다. 깨달음을 얻었다는 관념이 생겨나 자부심에 사로잡히면 바른 깨달음을 얻었다 할 수 없다. 깨달음은 깨달음이라는 인식에서조차 벗어난 걸림 없는 경계에 이름을 말한다. 깨달음은 얻었다거나 잃었다는 형식적 절차가 있을 수 없다.

깨달음을 얻어 어떤 지위에 오르게 된다는 단계가 있을 수도 없다. 깨달음을 얻었다고 도인을 자처하는 시끄러운 자들은 단연 마구니들이다.

청매선사가 지으신 합당한 글 한 수 소개한다.

「覺非覺非覺
깨달음은 깨닫는 것도 깨닫지 않는 것도 아니다.
覺無覺覺覺
깨달음은 깨달음 없음이 깨달음임을 깨닫는 것이다
覺覺非覺覺
깨달음을 깨닫는다는 것은 깨달음을 깨닫는 것이 아니거늘
豈獨名眞覺
어찌 홀로 참 깨달음이라 하랴?」

청매(靑梅, 1548~1623)선사는 임진난에 승병장으로 나라를 구한 분이다. 전후 폐허 된 절과 선가의 복원을 위해 혼신을 다하신 분이다. 위의 십이각시는 깨달음에 대한 형식적, 환상적, 허구적 관념을 날카롭게 지적한 글이다.

깨달음은 삼독의 어둠을 벗어던진 새 눈이 열려서 세상 보는 시각을 달라지게 하고, 닫혀있던 눈을 지혜롭게 열어 새롭고 바른 인생이 열리게 되는 것이다.

앞의 부처로부터 비밀로 전해진 독선도 아니고. 하늘을 날고 산을 무너트리는 비술도 아니다. 세상 으뜸의 지혜를 알게 하고 깨닫게 하여 어리석음으로 인한 고통에서 벗어나게 하는 해결점이며, 얽매임에서 벗어나게 하는 자유 해탈이다.

잘난 척하지 마라.

"그러나 일체법도 다만 일체법이라고 이름할 뿐이니, 사람의 몸이 크다고 비유함과 같으니라."

"그렇습니다. 여래께서 말씀하신 큰 몸은 큰 몸이란 이름일 뿐입니다."

"수보리여! 보살도 역시 이와 같아서 '내가 반드시 모든 중생을 다 구하겠다.'고 생각한다면 보살이라 할 수 없으니, 보살은 일정한 법 없음을 이르기 때문이니라. 그러므로 내가 일체법은 아상 · 인상 · 중생상 · 수자상이 없다고 하느니라. 이렇게 나라고 할 주체가 본래 없음을 깨달은 이가 있다면, 여래는 그를 진정한 보살이라 부를 것이니라."

느닷없이 큰 몸을 말씀하심은 무엇인가?

사람들이 모두 선호하는 큰 몸인들 작은 몸과 다른 게 무엇이겠는가? 다만 시각적 차이가 있을 뿐 인격도 선거권도 줄 서는 순서도 똑같다. 사대로 이루어진 똑같은 몸이어서 건강도 수명도 차이 없는 같은 몸일 뿐이다.

보이는 것, 들리는 것에 매달려 큰 몸, 작은 몸에 대한 차별을 버리지 못하면 끝내 생각의 함정을 벗어날 수 없으며, 제가 만든 고집과 집착의 감옥에 스스로 갇혀 온갖 고통에 허덕이게 될 것이다.

야부께서 이르시기를,

"옳다고 고집하는 법도 옳은 법이 아니며, 그르다고 고집하는 법도 옳은 법이 아니다."하셨다. 아무리 옳은 법이라도 제 고집만 부리고 다른 주장을 받아들이지 못하면 협상도 화합도 깨지게 되어 독선의 어리석음을 범하게 된다.

내가 아니면 세상을 구할 사람이 없다고 저마다 발 벗고 정치판에 뛰어들지만 여의도에 들어가면 그 사람이 그 사람이고, 그분이 그분일 뿐 더도 덜도 아니다.

모두 제 주장에만 골몰해서 다른 의견을 받아들이지 못하기 때문에 타협도 협상도 안 되어 노상 다툼으로 세월을 보내고 만다.

잘난척하는 아상이 남을 깔보는 인상을 만들게 되고, 이로인해 중생이라는 관념의 틀이 만들어져 양보할 수 없는 고집덩어리 수자상이 생겨나게 된다.

그래서 육조께서 이르시기를,

"비록 선행을 행하더라도 기세등등하게 설치면 안되며, 비록 악행이라 하더라도 기세등등하게 떨쳐내지 말라." 하셨다. 제 고집, 제 주장에만 사무치면 반드시 독선의 만행이 저질러짐을 경계하심이다.

많은 오류가 잘난척하는 데서 비롯하며. 많은 실수가 남을 배려하지 못하는 데서 일어난다. 참으로 지혜로운 이는 화해로 평화를 일구며. 참으로 지혜로운 이는 양보로 덕을 만들어간다.

'비록 좋은 일을 했을지라도 자랑하기 바쁘고 칭찬해주기 바라면 보살이라 할 수 없다.' 하셨다. 나를 내세우는 아상을 철저히 버린 이라야 '비로소 보살이라 할 수 있다.'는 말씀이다.

부처님의 눈(여래 오안)

"수보리야! 여래가 육안(肉眼)과 천안(天眼)과 혜안(慧眼)과 법안(法眼)과 불안(佛眼)이 있다고 생각하느냐?"

"세존이시여! 여래께서는 육안과 천안과 혜안과 법안과 불안이 있으십니다."

"여래는 삼천대천세계의 중생들 마음을 다 알고 보느니라."

여래에게는 다섯 가지 눈이 있으시다. 즉 중생같이 일반적으로 보고 듣는 기능의 육안과, 하늘의 신들같이 천만 리 밖의 일을 볼 수 있는 천안과, 옳고 그름을 한 눈으로 파악할 수 있는 법안과, 세상의 과거 현재 미래를 다 알 수 있는 혜안과, 세상 모든 일을 다 아시고 자비로 이끌어 주시는 불안이다.

여래의 눈도 중생들 눈과 다르지 않은 모양새를 갖추고 계시지만 눈이 가지는 능력은 현저히 달라서 보는 견해가 다르고 보시는 범위가 다르고 느끼는 깊이가 다르다.

보지 못하는 곳이 없으시고, 느끼지 못하는 세계가 없으시고, 알지 못하는 것이 없으시다. 천 리 밖의 일도 과거와 현재와 미래의 일도 모두 눈앞에 보시는 듯 보시고 느끼시고 판단하신다. 그래서 '여래는 삼천대천 세계의 중생들 마음을 다 알고 보느니라.'고 하셨다.

그렇게 중생의 육안과 다른 신비로운 여래의 눈을 여래 오안이라 한다. 뛰어난 능력을 발하는 여래의 신비로운 눈은, 오랜 세월 중생과 더불어 자비의 나눔과 고행의 베풂과 이끎의 보살행으로 이룬 결과이다.

우리도 그렇게 수행하고 고행하고 인욕하고 동사섭 한다면 여래의 오안을 갖추게 될 수 있음을 보여주심이다.

말 없는 곳

"수보리여! 저 항하의 모래알 만큼 많은 항하가 있고 또 그 많은 항하의 모래알 만큼이나 많은 부처님 세계가 있다면 이를 얼마나 많다 하겠느냐?"

"매우 많다 하겠습니다."

"그렇게 많은 세계 속에 있는 중생의 마음을 여래는 낱낱이 다 알고 있나니, 이 마음도 마음이 아니며, 다만 마음이라 이름할 뿐이니라."

항하강의 모래도 셀 수 없이 많은데 그 모래 수만큼의 강에 있는 모래 수라니... 상상조차 어려운 숫자다.

그러나 경전에서는 자주 인용되는 숫자의 단위다. 즉「항하사수」다.

우주에는 그렇게 많은 세계가 있고 그 세계마다 부처님이 계시고 무수한 중생들도 있다고 한다. 여래께서는 그 많은 중생들의 마음을 다 알고 계신다는 말씀이다.

그 많은 중생들의 마음을 어떻게 알 수 있다는 말인가? 모든 중생의 마음은 부처님 마음과 다르지 않은 공통성의 공(空)을 바탕으로 이루어져 있기 때문이다.

공(空)

간단히 말하기 어렵지만 우리들 정신세계가 지금은 욕심이나 집착으로 채워져 있지만 본래는 아무것에도 구애되지 않는 텅 빈 공(空)이었다. 아무것에도 묶이지 않은 본래 공으로 돌아가는 것이 수행의 목적이다.

마음은 있는가?

"지난 마음도 찾을 수 없고, 지금 마음도 찾을 수 없으며, 다가올 마음도 찾을 수 없느니라."

당나라 덕산(德山 宣鑑 780~865)스님은 금강경을 깊게 오래 연구 독송하셔서 뛰어난 견해를 갖추셨기에 주금강이란 별명을 얻으신 분이었다.

당시 남쪽에서 선풍이 크게 일어 교학을 부정한다는 말을 듣고 금강경 외에 다른 가르침은 부질없다는 신념과 금강경에 관한 한 당신이 제일이라는 생각으로 길을 나섰다.

걸어서 가는 길은 많은 시간이 걸렸다. 몇 날 며칠을 걸어 풍주 땅에 도달한 덕산께서는 때마침 점심시간이라 허기진 배를 채우기 위해 길가의 떡 파는 노파 앞에 앉았다.

용담이 펼친 도풍이 도도하던가? 떡 파는 노인조차 대척이 맹랑하다.

"스님 등어리에 짊어진 짐은 무엇입니까?"

"금강경입니다."

"제 물음에 대답하시면 떡을 그냥 드리지만 못 하시면 그냥 가셔야 합니다."

"물으시오."

"금강경에 지난 마음도 찾을 수 없고 현재의 마음도 찾을 수 없고 미래의 마음도 찾을 수 없다 하셨는데 지금 스님께선 어느 마음에 점을 찍으려 하십니까?"

점심은 글자 그대로 마음에 점을 찍는다는 말이다. 과거심도 현재심도 미래심도 얻을 바 없는데 과연 어디에 점을 찍는단 말인가? 덕산은 아무 대답도 하지 못했다.

우두커니 낭패감으로 서 있는 그에게 할머니는 이른다. 용담의 숭신선사를 찾으십시오.

덕산은 이후 용담숭신(龍潭崇信)에게서 깨우침을 받아 법을 이었으며 그간 세상 제일의 가르침으로 여기던 금강경을 불살라 버렸다.

부처님께선 당신 가르치심조차 뗏목으로 여겨 깨달음에 이르는 도구로 이용할 것이지 경이나 가르침에 절대로 집착해서는 안 된다고 철저히 강조하셨다.

집착은 다른 것을 용납하지 못하는 어리석음을 만든다. 이 땅의 종교로 인한 테러, 전쟁, 차별이 얼마나 많은가? 진정으로 가슴을 연다는 것이 무엇이며 열린 눈을 가진다는 것이 어떤 것인가를 잘 말해주고 있다.

과거의 마음, 현재의 마음, 미래의 마음을 모두 찾을 수 없다는 말은, 마음이란 있기는 한데 손에 잡히지도 눈으로 볼 수도 없다. 순간순간 나타나는 듯 사라지는 것이 마음이다. 과거에도 현재에도 미래에도 모습으로 볼 수 없고 소리로 들리지도 않는다. 그래서 찾을 수 없다.

나는 착한 마음을 가졌다. 나는 도저히 용서할 수 없다. 죽는 날까지 미워할 수밖에 없다. 이렇게 마음을 단정 짓는다는 것이 얼마나 어리석은 짓인가를 금강경은 잘 깨우치고 있다. 마음은 본래 아무 정해진 것 없는 공(空)이다.

말이 필요 없는 세상으로

"너희들은 내가 법을 설했다는 생각을 가진다고 짐작하지 마라. 내가 법을 설했다고 생각한다면, 결코 나의 말뜻을 모를 뿐 아니라, 오히려 날 비방하는 게 되느니라. 설법은 말할 법이 없음을 설하는 것이니라."

부처님 법문은 말이 필요 없는 세계로 중생을 이끌어 들임이다. 설법은 말로서 말이 필요 없는 세계를 안내하는 수단이다.

혀에 의존하지 않고 살 수 없는 중생 세계는 돈이 없으면 살 수 없고, 재물이 없으면 견디지 못하고, 권력이나 명예가 있어야 살아갈 수 있는 하등의 동물적 세계다. 이런 수많은 묶임의 동물적 세계에서 벗어난, 무엇에도 구애받지 않는 세계로의 안내다.

말이 필요 없는 세계는 먹고 싶다, 가지고 싶다, 듣고 싶다, 등의 육감을 초탈해서 조건에 매이지 않고 자유로운 영혼으로 사는 공적(空寂 : 고요하게 텅 비워진)의 세상이다.

음식 맛에 묶여서 먹는 게 아니라 배고프면 먹으며, 부자가 되어 허세 부리기 위해서 돈을 버는 게 아니라 필요한 곳에 쓰기 위해서 벌며, 값비싼 옷을 탐하여 입는 게 아니라 살을 감추고 보호하기 위하여 입는, 무엇에도 매이지 않는 자유로움이다.

돈에 매여 살면 돈의 노예로 사는 꼴이다. 명예에 묶여 생을 허비한다면 명예의 종으로 살아가는 것이다. 우리는 이렇게 일생 눈에, 귀에, 혀에, 감촉에 매여 일생을 그 노예로 살아가고 있다. 그것들이 시키는 곳으로 달려가고 그것들이 원하는 것을 얻기 위해 생을 허비하며 산다.

허겁지겁 여기저기 끌려다니느라 내가 누군지 무엇으로 살고 있는지 돌아보지도 못한 채 알지도 못하고 보이지도 않는 곳을 향해 허둥지둥 살아가고 있다.

어떻게 이루나?

"부처님께서 얻으신 위없는 바른 깨달음은 과연 얻은 바가 없는 것입니까?"

"그렇다. 나는 위없는 바른 깨달음에서 끝내 조그마한 법조차 얻은 게 없었기에 이를 위없는 바른 깨달음이라 하느니라.

위없는 바른 깨달음은 한문으로 무상정각(無上正覺)이다. 더 이상의 깨달음은 없다는 말이며 그 이하의 깨달음도 없는 정확한 깨달음이란 뜻이다.

'위없는 깨달음이 얻을 게 없다.'는 말은 또 무슨 뜻인가? 깨달음은 새롭게 어디서 누구에게 얻어지는 것이 아니며 누구나가 가지고 있는 다만 스스로 느끼지 못하고 있던 자기의 불성을 깨달아 안 것이기에 얻을 바 없다 한다.

평등한 법

"이 법은 평등하여 조금도 높고 낮음이 없으므로 위없는 바른 깨달음이라 하나니, 다만 아 · 인 · 중생 · 수자상 등에 빠지지 않고 온갖 선법을 잘 닦아 나가면, 위없는 바른 깨달음을 얻을 수 있느니라. 선법도 여래는 선법이 아니라 하나니, 선법이란 다만 이름일 뿐이니라."

어떻게 닦아야 하는가에 대해서 말씀하셨다. 나에게 매이는 마음. 남에게 편견을 가지는 마음. 고집부리는 마음, 욕심부리는 마음 등 네 가지 (편 가르기, 욕심부리기, 질투, 게으름, 등등) 나쁜 마음을 버려야 한다.

네 가지 나쁜 마음을 버려서 텅 비워진 마음으로 부지런히 선행을 닦으면 깨달음은 절로 이루어지고 부처는 절로 이루어진다 하셨다.

텅 빈 마음

"여래가 스스로 중생을 제도했다는 마음을 가진다고 생각하느냐? 조금도 그런 생각하지 마라. 여래는 제도한 중생이 전혀 없다고 여기느니라. 만일 여래가 제도한 중생이 있다고 여기면, 여래는 아직 아 · 인 · 중생 · 수자상에 빠져 있음이 되느니라.
여래가 말하는 나란 내가 아니거늘 범부들은 실재하는 내가 있다고 고집하는구나. 범부도 다만 이름을 범부라 할 뿐이니라."

선행을 닦아 부처를 이루고 난 뒤에 만약 부처 되었다는 자랑하는 마음이 일어난다면 결코 바른 깨달음을 이룬 것도 바르게 부처를 이룬 것도 아니다.

수많은 중생을 제도했다 하여도 마음속에 중생을 제도했다는 자랑의 마음이 남아있으면 절대 바른 수행을 한 것이 아니며 여래의 경계에 들었다고 말할 수 없다.

어떤 선행을 했더라도 자랑하는 마음이 없어야 하며 아무리 철저한 수행으로 높은 지견을 갖추었더라도 자만해서는 안 된다.

우리의 이 몸은 사대로 이루어진 일시적 존재물일 뿐 불변하는 영원한 존재가 아니다. 나라고 내세워 고집하고 집착하기에 너무나 허망한 허상이다. 부처도 집착해서 안 되거늘 하물며 범부의 허망한 몸이겠는가?

모든 집착 내려놓고 담담하게 인연 다독여 넉넉하고 여유로운 인생 누려 갈 일이다.

여래의 모습

"수보리여! 32상으로 여래를 볼 수 있겠느냐?"

"그렇습니다. 32상으로 여래를 볼 수 있습니다."

"만일 32상으로 여래를 볼 수 있다면, 전륜성왕도 여래라 하겠구나."

"세존이시여! 가르침의 뜻을 잘 알겠습니다. 32상이 갖추어진 모양새의 몸으로는 여래를 볼 수 없겠습니다."

삼십이상은 부처님께서 갖추고 계신 신체적 특징으로 인간이 갖출 수 있는 서른두 가지 완벽한 모습을 말한다. 이를테면 이마에는 백호광이 있고 몸의 색깔은 황금에 가까운 노란색이고 눈은 크고 맑으며 팔은 길어서 무릎에 이른다는 등이다.

잘생기고 못 생기는 것은 저마다 지은 바 업에 따라 정해지며 건강하고 허약한 것도 그러하다고 업설은 말하고 있는데, 부처님의 잘생긴 모습도 많은 공덕을 닦으신 결과라고 업설은 설명하고 있다.

그런데 전륜성왕은 누구인가? 인도인들이 믿고 있는 언젠가 인도에 태어나 뛰어난 통치력으로 나라를 이끌어 백성들을 잘살게 하고 온갖 어려움에서 구할 것이라고 기다리는 구세주다. 그는 부처님처럼 32가지의 신체적 잘생긴 특징을 가지고 있다.

부처님께서 그를 당신에 대비해 말씀하신 것은 모양새로 부처를 보려는 잘못을 저질러서는 안 된다는 말씀이다. 모양으로 부처를 보려는 짓은 그를 부처로 보는 거와 다르지 않다는 말씀이다.

부처는 모양새에 있지 않고 부처는 시간 공간을 제

한받지 않는다. 부처는 눈으로 볼 수 없으며 소리로 들을 수도 없다. 법당에서도 하늘에서도 볼 수 없으며 인도의 거리를 다 헤매도 만날 수 없다.

번뇌를 떠난 가슴을 가진, 자비롭게 눈이 열린 자만이 볼 수 있고, 오직 부처를 아는 자만이 언제라도 어디서라도 볼 수 있을 뿐이다.

여래를 보는 자

이어 세존께서 게송으로 말씀하셨다.

모습으로 나를 보려하거나

"若以色見我

소리로서 나를 찾으려 하면

以音聲求我

삿된 길에 빠진 무리이리라.

是人行邪道

여래 모습 결코 볼 수 없으리

不能見如來"

석가님 가르치심은 다른 종교의 가르치심처럼 명령에 절대복종을 강요하거나 형식적 절차를 중시하지 않는다. 오직 세상을 바로 보는 눈을 열어 자기를 바로 보고 세상을 바로 보아 꼭 필요한 곳에 꼭 필요한 일로 살아야 함을 깨우치셨다.

그것은 세상에 대한 깨달음이며 자기에 대한 깨달음이다. 오늘 내가 무엇을 하며 어떻게 살아야 하는가를 깨달아 아는 것이다.

생각으로는 알지만 실천에 옮기지 못하는 사람을 위해 참선을 통한 깊은 성찰을 하게 하셨고, 알고도 미적미적 미루는 사람을 위해 매일매일 기도하며 백팔배 하며 다짐하게 하셨다.

거리에서 집에서 이웃에게서 끊임없이 만날 수 있는 부처를 버려두고 법당에서만 부처를 찾는 이들은 눈으로 부처를 찾고 소리로 부처를 들으려는 형식적 신앙에 매인 사람들이다. 이런 사람들에게 석가님은 서릿발의 일성을 다음같이 내리셨다.

「이들은 모두 삿된 무리이리라. 결코 나를 볼 수 없을 것이다.」

비움의 행복

"수보리여! 여래가 거룩한 상호를 갖추지 않았기 때문에 위없는 바른 깨달음을 얻었다고 생각하는가? 위없는 바른 깨달음이 '모든 법이 끊어지고 없는 것'이라고 생각해서는 안 된다. 위없는 바른 깨달음은 결코 모든 법이 '끊어지고 없음'을 뜻함이 아니니라.

수보리여! 만일 어떤 보살이 항하의 모래 수와 같은 세계를 가득 채워 보물로 보시한다면, 그 공덕이 헤아릴 수 없이 많겠지만, 모든 법에는 '나라고 고집할 주체가 없다.'는 진리를 깨달아 그에 따라 수행해 법인을 성취한 보살의 공덕에 비하면 아주 보잘것없느니라. 보살은 결코 복덕을 누리지 않기 때문이니라."

"복덕을 누리지 않는다 하심은 무슨 뜻인지요?"

"보살은 복덕을 탐하거나 집착하지 않나니, 그래서 복덕을 누리지 않는다 하느니라."

모양새로 여래를 말하지 않듯이 얻은 법이 '있다 없다.'로 여래를 말하지도 않는다. 여래는 법에서도 초월된 존재며 모양에서도 초월된 진리 그 자체의 존재다. 눈에 보이는 물질로 여래를 볼 수 없듯이 깨달음이라는 한정적 법으로도 여래는 만날 수 없다.

나를 비우고 법을 비우고 깨달음이라는 고정성에서도 뛰쳐나와야 한다. 어떤 고집하는 주체가 있고 그 주체에 매여 있는 한 여래는 만날 수 없다. 가시적이거나 형식적인 무엇으로는 진리를 접할 수 없음을 말한다.

부처를 지향하는 보살은 철저히 자기를 비우기 때문에 복덕을 탐하지 않으며 행복을 애써 구하지 않는다. 중생과 부처의 차별조차 없어서 중생을 부처로 대하는 동체대비로 산다. 그것이 그들을 행복하게 하는 방법임을 알기 때문이다.

사람들이 악착같이 돈, 명예, 사랑, 권력 등을 구하는 이유는 그것들이 나를 행복하게 해 줄 것이라 믿기 때문이다. 그러나 그것들은 얻는 데에도 말할 수 없는 고통이 따르지만 얻고 나서도 지키기에 말할 수 없는 고통이 따른다.

무엇을 얻어서 행복해진다고 생각하는 것은 절대 착각이다. 얻으면 다소 편리해질 수는 있지만 집착을 버리지 않는 한, 그것에 묶이게 되어 고통은 끊임없이 계속된다.

탐욕은 곧 집착이다. 탐욕은 적을 만들어 나를 고통으로 몰아넣는다. 집착은 화목을 깨트려 불편한 인간관계를 만든다. 탐욕은 자비심을 더럽혀서 형제와 이웃을 사랑하지 못하는 아수라 같은 인간을 만든다.

석가님이 전하신 비움의 지혜야말로 다시 없을 가르치심이다. 비움같이 훌륭한 행복법은 세상 어디에서도 만날 수 없을 것이다.

"비움만이 인간을 완전한 자유로 인도한다."는 붓다의 가르치심은 다른 어디서도 들을 수 없으며, 누구도 할 수 없는 가르치심이다.

여래와의 만남

“어떤 사람이 여래가 가기도 하고, 오기도 하고, 앉기도 하고, 눕기도 한다고 말한다면, 그는 나의 가르침을 이해하지 못한 사람이다. 여래는 어디서 오지도 않고 어디로 가지도 않는다. 그래서 여래라 하느니라.”

부처님은 철저히 가르침을 본위로 하신 분이다. 가르침은 깨달음을 이루게 하는 간절하신 설법이다. 가르침은 당신이 만들어 낸 가설이 아니다. 누구도 부정할 수 없는 법계(우주)의 진리에 대한 가르침이다.

45년을 하루도 쉬지 않고 길에서 길로 걸음을 옮기시며 수많은 사람들에게 설법하셨다. 그렇게 장구하게 설하신 말씀 집을 우리는 팔만대장경이라 한다.

엄청난 양으로 설해진 말씀은 모두 사람들을 깨우쳐 법을 똑바로 알게 하여 깨달음의 삶을 살게 하고 어리석음에서 벗어나게 하기 위해서다.

어느 날 죽은 아이를 안고 한 어머니가 달려와 애원했다.

"내 목숨보다 소중한 아이이니 꼭 좀 살려 주십시오."라고

부처님께서 부드럽게 말씀하셨다.

"성을 돌아다니며 사람 죽지 않은 집 일곱 집을 찾아오면 당신 아이를 살려주겠소."

아이 어머니는 종일을 다니며 사람 죽지 않은 집을 찾았지만 한 집도 찾을 수가 없었다. 죽은 자는 살아나서 안 되는 것이 우주의 진리다. 아이 어머니는 이

를 깨달았다. 깨달음은 지혜를 가져다준다.

사람들은 자기 욕심에 눈이 어두워 우주의 진리를 마음대로 해석하고 자기에게 유리하게 이용하려고 욕심낸다. 어떤 종교는 아이를 살려주는 신비를 행할 수 있다고 사람을 유혹하기도 한다.

우주의 법을 어기고라도 사람의 욕심을 충족하려 한다면 무덤에서 살아나지 않아도 될 사람이 어디에 있겠는가? 죽은 자는 저마다 억울하고 안타깝다.

우주의 법을 어기고라도 자기 욕심을 채우려는 짓은 터무니없는 어리석은 짓이란 것을 깨우치심이 부처님 가르침이다. 제 욕심에 치우쳐 남을 해롭게 하고 세상을 어지럽게 함이 고통의 씨앗임을 깨우치심이 부처님 가르치심이다.

진리는 석가님에 의해 만들진 것이 아니고 어디서 가져온 것도 아니다. 언제나 지금 이 자리에 있으며 소멸될 수도, 만들어질 수도 없다. 소리로 들을 수 없고 눈으로 볼 수도 없다. 다만 깨달아 알 수 있을 뿐이다.

깨달은 자는 언제나 진리 속에 살며 지혜롭게 산다. 진리는 그렇게 우리와 함께 늘 그대로 있어 움직이지 않는다. 그래서 가르침 그 자체가 여래며, 진리 그 자체가 여래인 것이다. 가르침을 여래로 여기지 않는 자는 영원히 여래를 보지 못할 것이다.

먼지라 할 뿐이니라.

"수보리여! 만일 누군가가 삼천대천세계를 부수어 작은 먼지로 만든다면, 이 먼지들이 얼마나 많겠느냐?"

"매우 많겠습니다. 이 먼지들은 실제로 있는 게 아니라, 다만 먼지란 이름일 뿐이기에 여래께서 먼지라 하시는 것입니다. 여래께서 말씀하신 삼천대천세계도 세계가 아닌 세계란 이름일 뿐이니, 세계가 실제로 있는 것이라면 '하나의 상'이라 하겠지만, 여래께서 말씀하신 '하나의 상'도 다만 이름일 뿐입니다."

"그렇다. '하나의 상'도 표현에 불과한데, 어리석은 범부들은 형식적인 그 말을 탐하고 집착하는구나."

지구는 우주의 많은 천체 중 하나다. 해는 지구보다 130만 배의(지름 130배, 부피 130만 배, 무게 38만 배) 부피를 가진 엄청난 천체다

우리에게 지구는 엄청나게 큰 존재지만 태양에 비하면 130만분의 1에 불과한 작은 존재다. 그러나 지구의 130만 배로 큰 태양도 우주의 은하계로 나가면 작은 점에 불과하다.

우주의 분자(먼지)들이 뭉쳐져 만들어진 태양은 둘레에 지구 외에도 화성, 목성, 금성, 수성, 토성, 달 등 여러 위성들을 거느리고 있으며 각 위성에도 작은 위성들이 무수히 있는 우주의 별의 군단이다.

태양이 거느린 이들 수많은 별은 모두 태양으로부터 분리되어 생겨났다 하며 통칭해서 태양계라 한다.

이런 태양계는 은하계라는 우주로 나가면 이천억분의 일에 불과한 작은 존재로 전락한다. 끝이 안 보일 정도로 크게 느껴지는 지구가 우주로 나가면 미세 먼지에 불과한 작은 존재가 되는 것이 우주의 크기다.

그래서 고대 중국에선 '화살이 날고 있지만 결코 난다고 말할 수 없다.'는 비시부동(飛矢不動) 논리가 만들어졌다. 즉 먼 우주에서 보면 화살이 날아간 거

리가 움직였다고 말할 수 없는 점의 거리에 불과하다는 뜻이다.

우주의 천체 그 거대한 해와 달 지구도 처음엔 눈에 보이지도 않는 작은 먼지에 불과했다. 인연을 따라 일정 기간 별이 되고 달이 되고 지구가 되어 하늘을 돌다가 어느 시점엔가 인연이 다하면 다시 먼지로 돌아가 흩어질 것이다.

달은 달이지만 먼지이기도 한 것이며, 지구도 지구일 뿐 아니라 먼지이기도 한 것이다. 비단 먼지이기만 한 것이 아니라, 그 질량의 합성을 위해 모여든 온갖 수소 산소 질소 등 각종 합성 분자들이기도 한 것이다.

세상 모든 존재는 시간과 공간의 변화를 따라 모양을 바꾸며 별이 되고 먼지가 되며 하염없이 무상의 유전을 거듭한다. 물은 물이면서 얼음이고 얼음이면서 구름(수증기)인 것이다.

흙이 사람 되고, 사람이 다시 흙 되어 한 시도 쉼 없이 변하지만 사람들은 무언가 불변의 고정 실체가 있기를 바라며 한없이 놓치지 않으려고 발버둥 친다. 발버둥은 종래에 어리석은 업으로 이어져 고해를 부

침하게 한다. 아상 인상 중생상 수자상에 묶여 끙끙대는 가엾은 이들을 위해 일성을 내리셨으니,

"다만 이름을 세계라 할 뿐이니라"

집착이 병이다

"수보리여! 위없는 바른 깨달음을 이루려는 사람은 모든 법이 이와 같음을 알고, 이렇게 보며, 이렇게 믿고 이해하여 조금도 법이라는 관념에 사로잡히지 말아야 한다. 법도 다만 이름을 법이라 할 뿐이니라."

위없는 깨달음 즉 최상의 깨달음을 얻으려는 사람은 먼저 집착을 버려야 한다. 자기 몸에 대한 집착과 자기 생각에 대한 집착과 자기 소유에 대한 집착을 버려야 한다.

집착이 강하게 남아있는 한 사물에 대한 올바른 견해를 가질 수 없으며 세상 이치를 객관성 있는 냉정한 눈으로 볼수 없다. 모두 제 욕심대로 제 생각대로 왜곡되게 보고 판단하여 어리석음에 점점 빠져들게 된다.

깨달음은 세상에 대한 정확하고 올바른 견해를 갖는 것이며. 자신에 대한 객관성의 냉정한 관점을 갖는 것이며, 세상 모든 것에 대한 올바른 관계 정립으로 지혜로운 삶을 열어가는 것이다.

우주의 무수한 천체들조차 때가 되면 먼지로 돌아가는 순환의 연기를 벗어날 수 없거늘, 그들 지구나 태양에 비해 참으로 보잘것없는 인간이 영원한 생명을 누릴 수 있다고 착각하며 탐욕에 사로잡혀 남을 괴롭히고 세상에 누를 끼치는 짓은 한 치 앞을 못 보는 어리석음이다.

무엇에도 걸림이 없는 위없는 깨달음을 이루었다 해도 그 관념 즉 법에 매이지 말아야 한다 하셨다. 깨달음이라는 의식이 새로운 교만과 집착과 자부심을 일으켜 또 다른 집착에 사로잡히게 할 것이 뻔하기 때문이다.

제 믿음만이 세상 제일의 가르침이며 제 신앙만이 세상 제일의 법이라고 맹신하며 다름을 인정하지 않고 다른 것을 제거하기 위해 온갖 끔찍한 행악을 아무 죄의식 없이 저지르는 사례는 지금도 지구촌 곳곳에서 벌어지고 있다.

그래서 그 법이 세상 제일의 법이라 해도 절대 매이지 않아야 한다고 수없이 강조하셨다. 깨달음이라는 최상의 법조차 절대적 법이 아니라 '다만 이름을 그렇게 위없는 법이라 할 뿐이라.' 하셨다.

깨달음의 공덕

"수보리여! 어떤 사람이 헤아릴 수 없는 넓은 세계를 가득 채워 보물로 아낌없이 보시한다 해도, 어떤 이가 깨달음의 마음을 내어 이 경에서 네 구절의 게송만이라도 받아 지니고 읽고 외우며 남을 위해 기쁘게 설명해주면, 공덕이 저보다 비교할 수 없이 많으리라. 어떻게 남을 위해 말해 줄 것인가? 겉모습을 취하지 말고 진실한 마음으로 말해야 한다."

나고죽는 자취있는 모든것들은

一切有爲法

꿈속같고 그림같고 물거품같고

如夢幻泡影

이슬같고 번개같기 때문이니라.

如露亦如電

수행자는 이와같이 살펴야하리.

應作如是觀"

부처님께서 이렇게 경을 설해 마치시니 장로 수보리와 모든 비구 · 비구니, 우바새 · 우바이, 그리고 온갖 하늘사람 아수라들이 말씀을 듣고 크게 기뻐하며 믿고 받들어 수행하였다.

금강경 마지막 말씀은 비장하기 이를 데 없다.

눈에 보이는 모든 것은 하나도 변하지 않는 것 없으며, 영원히 함께할 수 있는 것도 없다. 물거품 일어나듯 한순간 우리 곁을 왔다가 사라지는 순간적 존재들이다. 돈이 그러하고 명예가 그러하고 사랑이 그러하다.

우리가 놓치기 싫어하는 모든 것이 마치 약속이라도 한 듯 한결같이 물거품 같고 이슬 같은 성질을 가지고 있다. 아무리 놓치지 않으려고 몸부림쳐도 끝내 매몰차게 어느 순간이 되면 떠나고 만다.

법화경에서 이르시길 '몸뚱이는 첫째 부인, 재산은 둘째 부인, 명예는 셋째 부인과 같다.'고 하셨다. 아무리 아끼고 사랑하는 부인들이지만 때가 되면 반드시 내게서 차례로 떨어져 나가게 된다.

셋째 부인이 먼저 떠나고 둘째 부인이 그 다음으로 떠나고 마지막으로 첫째 부인은 무덤 앞까지 가긴 하지만 죽을 때는 결국 혼자 가게 된다. 애지중지하던 명예도 재산도 몸뚱이도 결국은 차례로 떠나게 되는 필연을 세 부인에 비유하신 것이다.

눈에 보이는 몸뚱이를 비롯한 재산, 명예, 사랑 등 가시적인 것들은 유한한 연기적 존재들이다. 이미 만날 때 헤어짐이 약속되어 있었고 얻을 때 잃게 됨이 내정되어 있었다. 누구도 부정할 수 없고 피할 수 없는 우주의 절대 법칙이다.

그래서 붓다께서 하염없이 이르셨으니, "법을 알고 법을 깨달아 법에 따른 지혜를 갖추어 모자람 없이 살면 얻어도 담담하고 잃어도 고요하여 만남과 떠남에 매이지 않을 것이다." 하셨다.

이렇게 깨달은 자의 지혜로운 일상으로 매임 없이 살면 고요하고 고요하여 한 생각에도 묶이지 않는 자유를 누릴 것이다.

"자유를 누리려거든 집착에서 벗어나거라. 평안을 얻으려거든 애착을 내려놓거라. 고통에서 벗어나려거든 욕망을 털어내거라."

우리를 속박하는 모든 것은 우리가 욕심내는 순간부터 만들어진 것이다. 우리를 괴롭게 하는 모든 일들은 욕망을 일으키는 그 순간부터 시작되었다.

그것을 알고 그것을 깨달아 다시는 그 어리석음에 사로잡히지 않는 지혜를 발휘하게 하는 가르치심이 반야다. 다시는 어리석음에 떨어지지 않게 하는 불멸의 지혜를 이름이다. 다만 깊이 받아들이고 많이 생각하고 애써 실천하는 끊임없는 노력이 있어야 한다.

세상 어떤 가르침보다 선명하고 날카로운 '금강의 지혜'는 그래서 자꾸 읽기를 요구한다. 읽고 읽고 또 읽어서 늘 눈에 드러나는 말씀이 되어야 하며 생활에 실천하는 지침이 되어야 한다.

그래서 이 가르침을 전하는 일은 천만금 보석으로 세상을 가득 채워 보시하는 것보다 값지다 했다. 진심이 담긴 한마디 깨우침이 삶의 새 이정표가 될 수 있으니, 그보다 귀한 보시가 또 있겠는가?

마무리 말씀

"이와 같이 나는 들었다."로 시작되어 "비구 비구니 우바새 우바이 온갖 하늘 사람 아수라 등이 말씀을 듣고 크게 기뻐하며 믿고 받들어 수행하였다."로 끝맺는 금강경은 아마도 지구상의 불교 경전 중 가장 많이 읽히고 가장 많은 번역이 이루어졌고 가장 많은 감동을 준 경전으로 평가될 것이다.

우리가 접하고 있는 금강경은 중국에서 구마라지바에 의해 번역된 것으로 양나라 무제의 아들 소명태자가 서른두 분으로 나누어 각 분단마다 제목을 붙여 내용을 이해하기 편하게 했다.

전반부 16분, 후반부 16분으로 나누어 볼 수도 있는데 언제나 그렇듯 부처님 화법은 앞의 말씀은 이해를 돕는 자상한 설명조이시고 뒤의 말씀은 기억을 선명하게 하여 잊지 않게 하기 위한 정리조이시다.

내용 전반에 관해서는 아상 · 인상 · 중생상 · 수자상으로 정리된 일상, 우리가 매달려 있는 고집과 집착이 얼마나 우리를 어리석게 하는가를 설명하시고 그 폐해를 세세히 지적하셨다. 이를 벗어나지 않고는 삶의 진실한 가치는 물론 깨달음은 접근조차 할 수 없음을 누누이 강조하셨다.

더불어 세 번의 간결한 게송을 시설하시어 세상 모든 현상이 물거품 같고 번개 같고 이슬 같음을 적시하시고 무상하기 이를 데 없는 전광 같은 현상에 매달리는 한 부처는 절대 볼 수 없음을 힘주어 일깨우셨다.

반야부 내지 반야경은 공을 일깨우는 경전이다. 공은 현존 세상의 근원이며 세상 모든 존재의 원리이다. 모든 존재는 공에서 일어났으며 공으로 돌아갈 수밖에 없다. 공을 깨달아 알지 않고는 세상에 대해서도 존재에 대해서도 근원적 이해가 불가능하다.

모든 존재는 공에서 나왔으며, 공성으로 존재하다가, 공으로 다시 돌아간다. 세상 어떤 존재도 공을 벗어나 있을 수 없고 공을 귀결처로 하지 않을 수 없다.

적멸은 최고의 불교인들 고향으로 설정되어 있으며 공(空)으로 돌아감만이 더는 고해의 고통을 감당하지 않아도 되는 희망으로 설정되어 있다. 끝없는 고해의 윤회는 생각만으로도 끔찍한, 생각조차 하기 싫은 현상이다.

불가의 최고 목표가 해탈임은 공의 가치가 얼마나 진실하며, 얼마나 절실하며, 얼마나 과학적인 실질적 해답인가를 알 수 있게 한다.

"마음 비우기" 이 노력, 이 수행이야말로, 말로만 하는 말이 아니라, 절실하게 간절하게 애오라지 힘을 다해야 할 수행이다. 생을 바쳐 참선하고 염불하고 기도하는 각종의 수행법이 절대 비워진 영육을 이루어 니르바나로 나아가고자 함이다.

본문의 중간쯤에 있는 '부처님 나라' 중에 '응무소주 이생기심(應無所住 以生其心)' 여덟 자로 줄여 말씀하시기도 하셨으니 언제나 비워진 마음으로 일상에 임해야 비로소 공에 이를 수 있다는 뜻이다. 하루라도 한 때라도 잊지 말고 비워진 마음으로 살아야 니르바나를 이룰 수 있다는 말씀인 것이다.

비움의 미학

금강경의 말씀은 비움의 미학이다. 비워진 마음으로 실천하는 보살행은 아름답기 그지없고 비워진 마음으로 내는 생각들은 청정하고 자비롭다. 경에서 수없이 강조하신 말씀이 바로 이 말씀이다.

"나라고 고집할 주체가 없다는 진리를 깨달아 그에 따라 수행해 법인을 성취한 보살의 공덕에 비하면 아주 보잘것없느니라."

세상의 어떤 선행도 업적도 공심(비워짐)이 없이 행한다면 도무지 제 욕심을 채우는 업보의 진행일 뿐 보살로서의 수행자의 자비심으로 행한 것이 아니라는 말씀이다.

비움은 제 욕심을 지우고 모든 일을 행하는 비움의 아름다운 행위 즉 보살행이다.

자랑하지 않고 칭찬받기를 원하지 않고 업적이나 이력으로 평가되기를 원하지도 않아서 자기 기억에서조차 그 행위가 지워지기를 바라는 것이 보살행이다

신앙이 나를 지배해서도 안 된다는 것이 붓다의 가

르치심이다. 내가 신앙인이 되어야 한다는 이념이다. 어떤 상도 남아있지 않고, 어떤 자랑이나 허세로 행하는 보살행이 아니어야 비로소 수행자의 보살행이 된다는 말씀이시다.

참으로 비워진 마음으로 행하는 자비행은 세상 제일 아름다운 자비의 실천이 된다고 효명은 말했다. 즉 '진공묘유'(철저히 비워진 마음에서 가장 아름다운 삶이 열린다는 뜻)다.

금강 행자 발원

이 세상 모든 중생이 하루속히
질병과 고통의 질곡에서 벗어나
저마다 금강의 몸 이루게 하소서!

이 세상 모든 중생이 하루속히
어떤 경우에도 무너지지 않는
금강의 마음 내게 하소서!

다시는 반야의 가르침에서
한발도 물러나지 않으려 합니다.

눈으로 부처를 보지 않고
귀로 부처를 듣지 않으려 합니다.

서른두 모양새의 여래는
진실한 법신이 아님을 배웠나이다.

아상 · 인상 · 중생상 · 수자상은

참다운 상이 아님을 알았나이다.

이 몸도 언젠가 버려야 하거늘
보고 듣고 맛보는 오감의
허망한 감촉에 매여 사는
어리석은 노예가 되지 말라 하셨습니다.

비우고 또 비우는 진공에서
참다운 삶이 열린다 하셨습니다.

비워야 비로소 깨닫게 되고
버려야 참으로 알게 되는
깊고 크고 묘한 반야의 진리를 의지해
미몽을 벗어나려 합니다.

보살이 복덕을 누리지 않듯이
베풀고 나누는 기쁨을 누리는
대승의 니르바나로 나아가렵니다.

이 몸이 다하고 이 원이 다하도록

하루하루 정성 다해 정진하겠나이다.

금강회상 불보살께서 보살피시고
팔부신장께서 보살피시어
이 발원 끝내 이루어지게 하소서!

나무 금강회상 불보살
나무 금강회상 불보살
나무 금강회상 불보살

금강경 산책

발행　　2024년 6월

지은이　　설담 운성스님

펴낸곳　　도서출판 도반
펴낸이　　김광호
편집　　김광호(월암), 이상미(다라), 최명숙
대표전화　　031-983-1285
이메일　　dobanbooks@naver.com
홈페이지　　http://dobanbooks.co.kr
주소　　경기도 김포시 고촌읍 신곡리 1168